D1747081

blue notes
16

Marina Tarkowskaja erinnert sich in ihrem sehr persönlichen Buch an ihre Kindheit mit einem berühmten, aber meist abwesenden Vater, dem Dichter Arseni, und mit ihrem genialen aber eigenwilligen Bruder, dem Filmemacher Andrej Tarkowski.
In kurzen Episoden – Splittern des Alltäglichen – erzählt sie von einer Kindheit im Moskau der Vorkriegsjahre und den Entbehrungen der Kriegsjahre, die die Familie in den Moskauer Vororten verbringt, und den nicht weniger schweren Nachkriegsjahren. Sie erzählt auch von dem schwierigen Verhältnis zwischen Mutter und Sohn, dem späteren Filmemacher, der schon früh eigene Wege geht.
Ihre Erinnerungen gewähren erstmals einen Einblick in die persönliche Welt des Andrej Tarkowski, nennen bisher unbekannte Fakten, prägende Ereignisse und wichtige Einzelheiten, die später zu Themen und Symbolen in seinen Filmen werden.

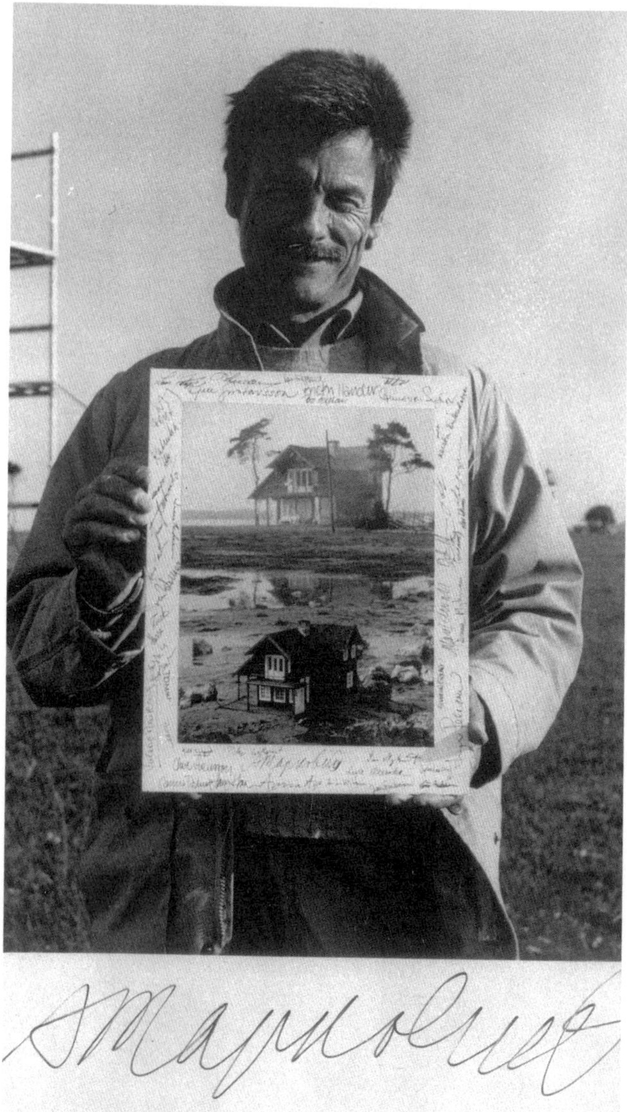

Marina Tarkowskaja

Splitter des Spiegels

Die Familie des Andrej Tarkowski

Aus dem Russischen von
Martina Mrochen

edition ebersbach

INHALT

Vorbemerkungen der Autorin 7

Der Spiegelschrank 8   *Wenn ich an Andrej denke ...* 14
Stammbaum 19   *WGLK* 23
Die Himmelstreppe 31
Madame Eugénie. 39   *Der Mantel aus Watteline* 43
»Man nannte sie Maria ...« 46   *Begegnungen mit Vater* 50
Tante Tonja 52   *Zwiegespräch* 60
Die Faschingskostüme 67   *Liebe* 70   *Die Glasaugen* 74
Die Taschenuhr 78   *Fortsetzung der Episode* 82
Die Matinee 85   *Rasschibalka und Fußball* 87
Abramzewo 90   *Taiga-Erzählung* 93
Über Schuhe 100   *Der Pelzmantel* 104   *Mutters Tod* 109
Ohne Titel 115   *Die Türkisohrringe* 118
Die Knöpfe 122   *Seltsame Briefe* 128   *Der Vierzeiler* 135
Andrej ist kalt 138

Glossar 147

Lebensstationen
Arseni Tarkowski 149   *Andrej Tarkowski* 151

Anmerkungen, Bildnachweis 154

Vorbemerkungen der Autorin

Nachdem Mutter, Vater und Andrej nicht mehr auf der Welt waren, begann ich mich im Andenken an meine Verwandten mit der Familiengeschichte der Tarkowskis zu befassen.

Anfangs hatte ich die Absicht, dieses Buch als eine Familienchronik anzulegen, die auf dokumentarischen Materialien beruht. Es verging viel Zeit, bis ich alle Materialien gesammelt, Archive gesichtet und Reisen in alle Städte unternommen hatte, die mit der Familie in Verbindung standen. Meine Erinnerungen, weit zurückliegende oder gegenwärtige, gingen aber schließlich in die Form kurzer, persönlicher Erzählungen ein. Einzelne Splitter, die wiederum auf Dokumenten und Zeugnissen beruhen, ergänzen dieses Buch. Wer sich mit Arseni oder Andrej Tarkowskis Biografie oder Schaffen näher befasst, wird hier sicher auf interessante unveröffentlichte Materialien stoßen.

Nach einigen bangen Zweifeln kam ich zu der Überzeugung, dass ich die ganze Wahrheit sagen sollte, wie bitter diese auch sein mag. Wer Splitter in die Hand nimmt, muss Verletzungen in Kauf nehmen. Anders kann auch ich den Spiegel, vor dem sich das Leben meiner Nächsten abspielte, nicht zusammensetzen.

Marina Tarkowskaja

Der Spiegelschrank

Der Schrank mit den geschnitzten Blättern und Rosen, hoch und aus gebeiztem Holz, war die Handarbeit eines begnadeten Kunsttischlers aus dem vorigen Jahrhundert. Dieser Schrank, eine sogenannte »Chiffonniere«, hatte drei Einlegeböden und ein ausziehbares Schubfach. Doch für uns blieb er, weil in die Tür ein großer Spiegel eingesetzt war, immer der »Spiegelschrank«.

Einst gehörte der Schrank Maria Wladimirowna Dubassowa, unserer Urgroßmutter mütterlicherseits, und stand im Haus der Dubassows in der Moskauer Pimenowskaja Straße. Nach dem Tod von Urgroßmutter und der Aufteilung ihres Nachlasses ging er in den Besitz ihrer jüngsten Tochter über, unserer Großmutter Wera.

Von diesem Augenblick an begann auch das abenteuerliche Leben des Spiegelschranks. Zunächst wurde er von Moskau nach Koselsk transportiert, wo der erste Mann meiner Großmutter, Iwan Wischnjakow, eine Anstellung als Richter hatte. Von dort zog der Schrank, nunmehr mit Großvater und Großmutter, nach Malojaroslawez um.

Jugendfotos unseres Großvaters Iwan Wischnjakow erinnern an einen gutmütigen und grauäugigen blonden Jüngling. Allein die dichten, stacheligen Haare verraten, dass er ein äußerst hartherziges und unverträgliches Naturell gehabt haben muss. Großmutter Wera verließ ihn während des ersten Weltkrieges und zog mit ihrem gesamten Besitz, unter anderem auch dem Spiegelschrank, zu uns nach Moskau. Obwohl sie damals eigentlich nichts mehr besaß, was sie in der Chiffonniere hätte aufbewahren können.

Iwan Wischnjakow hatte von ihrem verräterischen Vorhaben erfahren und wollte sie deshalb mit dem Revolver töten. Großmutter flüchtete jedoch aus dem Fenster. Daraufhin sperrte sich Großvater im Zimmer ein und zerschnitt in einer einzigen Nacht Großmutters wundervolle, kostbare und von den besten Warschauer Schneidern angefertigten Kleider in schmale Streifen.

In Moskau standen Großmutters Möbel eine Zeit lang in den Spasski-Kasernen, wo ihre mit einem General verheiratete Schwester Ljudmila Nikolajewna Iwanowa wohnte. Der General war im Feld, und so hatte Großmutter die einmalige Gelegenheit, in dem weitläufigen und lichterfüllten Salon, wo ihre Stimme einen wundervollen Klang hatte, nach Herzenslust zu singen.

Nach der Revolution von 1917 zog sie mit ihrem zweiten Mann, dem Arzt Nikolai Petrow, nach Jurjewez in die Nähe der Wolga. Der Schrank musste wohl oder übel im Gepäckwagen mit. In jenen Tagen muss auch der äußere Zweig des geschnitzten Kopfputzes abgebrochen sein, denn Möbelträger machten damals nicht viel Umstände.

1941, nach dem Tod von Nikolai Petrow, ungefähr ein halbes Jahr vor Kriegsausbruch, zog Großmutter wieder von Jurjewez nach Moskau zurück. Sie hatte erfahren, dass unsere Familie von meinem Vater verlassen worden war, und fasste deshalb den Entschluss, meine Mutter bei unserer Erziehung zu unterstützen. Mutter hingegen brachte nicht genug Mut auf, ihr zu verbieten, zu uns zu kommen. So kam es, dass eines Tages in unserer kleinen Zweizimmerwohnung in der Stschipowski Gasse alles in allem nicht nur Mutter, Andrej, ich, Großmutter und ihre Hausangestellte Annuschka wohnten, sondern auch Großmutters Mobiliar mit dem massiven Schreibtisch von Nikolai Petrow, dem Plüschsofa und dem Spiegelschrank.

Gegenständen geht es wie Menschen, sie brauchen Fürsorge und angenehme Wohnverhältnisse. Man muss sie hegen und pflegen und sollte sie nicht in enge, dunkle Ecken pferchen. Auch historische Umwälzungen sind für sie nicht gerade von

Vorteil. Nach Kriegsausbruch mussten wir in das wunderschön polierte Eichenholz einen Ring für ein Vorhängeschloss anbringen. Wir sollten evakuiert werden und konnten nicht alles mitnehmen. Mancherlei musste im Schrank zurückbleiben – etwa ein paar Meter schwarzen Samtes, ein Geschenk meines Vaters. Vor langer Zeit hatte Vater davon geträumt, Mutter einmal in einem Samtkleid zu sehen.

Die Nachbarn, die während des Krieges das vordere Zimmer unserer Wohnung bewohnten, mussten sich sehr anstrengen, um diesen Ring herauszubrechen und den Schrank zu öffnen. Unansehnliche Kratzer verunstalteten jetzt die glatte Oberfläche. Mutters Samtstoff indes hatte der Nachbarssohn auf dem Sazepski-Trödelmarkt verkauft.

Wir Kinder wuchsen heran, und die Gegenstände büßten ihre Größe und Schönheit ein. Mutter waren sie gleichgültig. Allein die arme Großmutter Wera führte einen einsamen Kampf gegen unsere zerstörerischen Instinkte. Andrej hatte gehört, es gäbe Streichhölzer, die sich an jeder beliebigen Oberfläche entzündeten. Er versuchte mit den Zündhölzern über den Spiegel zu fahren. Selbstverständlich entzündeten sie sich nicht, schließlich gab es verschiedene Sorten. Doch Andrej fuhr wieder und wieder über den Spiegel. Großmutter war entsetzt, konnte aber nichts dagegen tun, und auf der Oberfläche des Spiegels hinterließen die Zündhölzer immer neue, lange Spuren.

Die Jahre vergingen, und auch der Schrank büßte das eine oder andere dekorative Detail ein. Selbst Großmutter war er mittlerweile gleichgültig geworden. Es interessierte sie nicht mehr, dass ich die Einlegeböden herausnahm und aus der Chiffonniere einen Kleiderschrank machte. Kurze Zeit später starb sie.

Bald darauf mussten wir den Schrank in Birjulewo unterbringen, denn unser Haus Nr. 26 in der Ersten Stschipowski Gasse sollte von nun an als Arbeiterwohnheim genutzt werden. Mutter aber zog zu uns nach Jugosapadnaja in den Südwesten

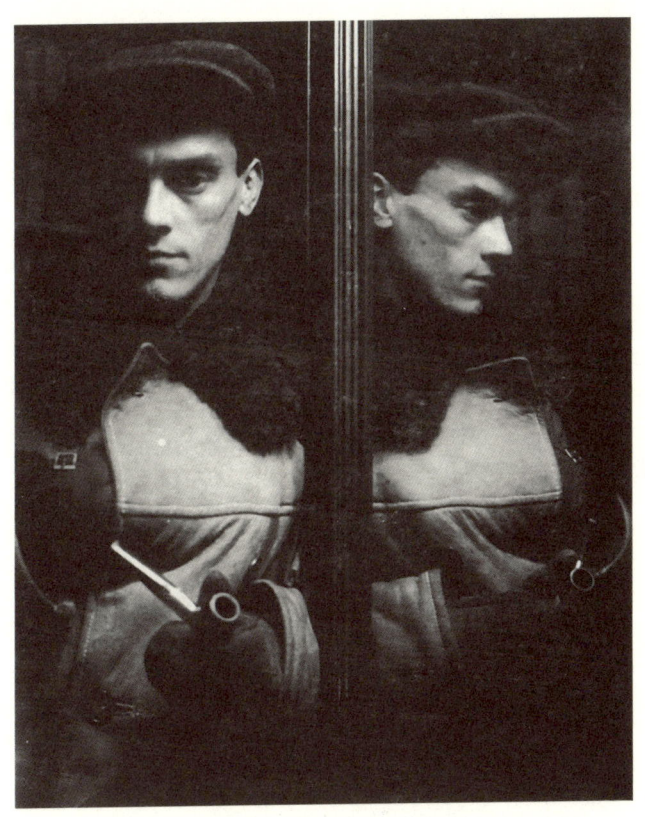

Vater vor dem Spiegelschrank, 1937.

Moskaus, wo mein Mann und ich jetzt wohnten. So blieb der Schrank mehrere Jahre in einem leeren Zimmer zurück.

Und dann geschah das, woran ich mich nur ungern erinnere. Wäre ich damals die Bewohnerin einer Weltraumstation gewesen, die den Planeten Solaris auf einer Umlaufbahn umkreist, hätte sich der Ozean den Spiegelschrank einverleibt. So aber mussten wir eines Tages Mutters Zimmer in Birjulewo räumen.

Andrej, aufgenommen an seinem 16. Geburtstag, dem 4. April 1948.

In unserer engen Moskauer Wohnung hätte der Schrank jedenfalls keinen Platz gefunden. Uns blieb nicht anderes übrig, als ihn zu vernichten. Wir hängten die Schranktür mit dem Spiegel aus und zerhackten den Schrank in Stücke – keinesfalls ließ er sich als Ganzes entsorgen.

Wir töteten ihn, er hingegen wollte nicht sterben. Der Schrank hätte noch gut dreihundert Jahre leben können. Er war schließlich die solide Arbeit eines begnadeten Tischlers. Die Schrankwände landeten auf dem Müll in Birjulewo, die Spiegeltür aber schafften wir zu uns.

Gut, dass Andrej damals nicht auf Großmutter gehört hatte und jene Zündholzspuren auf der Oberfläche des Spiegels hinterließ – Heute wertvolle Linien der Erinnerung. Dieser Spiegel wurde zum ersten und wichtigsten *Spiegel* in Andrejs Leben, zum Urbild aller Spiegel in seinem Leben und seinen Filmen.

Vor langer Zeit war der Spiegel mit echtem Silberamalgam beschichtet worden. Deshalb gab er alles weich und gleichsam magisch wieder. Auf diese geheimnisvolle Eigenschaft des Spiegels wurden wir aufmerksam, als uns Lew Gornung, ein Freund unserer Eltern, die Abzüge der Fotos zeigte, die er vor dem Spiegel gemacht hatte. Vater im Ledermantel und Vater mit dem kleinen Andrej auf den Knien. Jahre später fotografierte Lew Gornung nur Andrej vor dem Spiegel. Der amalgambeschichtete Spiegel reflektierte die Gestalt des Posierenden, doch die Spiegelung war keine bloße Widergabe. Es war, als könnte man darin etwas erahnen und als ließe der Spiegel das zu Tage treten, was in der Realität unter den vertrauten Gesichtszügen verborgen blieb...

Ich sehe auf die trübe Oberfläche und erkenne mein Spiegelbild. Andrej war immer älter als ich, jetzt bin ich die Ältere. Es dauert nicht mehr lange, und wir beide treffen uns wieder.

Auf der anderen Seite des Spiegels.

Wenn ich an Andrej denke...

Als ich geboren wurde, war Andrej schon auf der Welt. Und so war er immer für mich da. Wie Mutter, Vater und Großmutter Wera.

Wie jede Mutter, die ein zweites Kind erwartet, fürchtete auch unsere, meine Ankunft könnte bei dem kleinen Andrej, der damals zweieinhalb Jahre alt war, ein Trauma auslösen. Sie wollte keinesfalls, dass er eifersüchtig auf seine jüngere Schwester würde. Deshalb zeigte sie nie, wie sie sich um mich sorgte und liebkoste mich kaum. Dafür legte sie Wert darauf, dass der ältere Bruder seiner Schwester gegenüber Gefühle wie Verantwortung und Liebe entwickelte. So war bei ihm erst gar keine Feindschaft gegen das Neugeborene aufgekommen, auch wenn es die Aufmerksamkeit der Eltern einforderte. Im Gegenteil, er bekundete mir gegenüber Interesse und Anteilnahme: »Mama, sieh mal, was für Zehen Marinka an den Füßchen hat – wie Pralinen!«

Wir wuchsen heran, und ich weiß noch, wie mich Andrej auf der Straße immer fest an der Hand hielt. Er war ungewöhnlich aufgeweckt und bei Streichen äußerst erfinderisch. Zur Ruhe kam Andrej nur, wenn er sich in ein Buch vertiefte. Draußen beschützte er mich vor »äußeren Feinden«. Zu Hause jedoch, da »quälte« und hänselte er mich oft so lange, bis ich in Tränen ausbrach.

Die Feen, die an Andrejs Wiege gestanden hatten, haben ihn reich mit Talenten beschenkt. Zu Hause hieß es immer, er habe alles geerbt, ich nichts. Er konnte gut zeichnen, hatte ein absolutes Gehör und einen reinen Knabendiskant. Von früher Kindheit an war er ein »Äffchen«, ahmte alles nach und verriet bereits schauspielerisches Talent. Das Gefühl der Schüchternheit, das mich in der Kindheit und Jugend oft peinigte, war ihm fremd. Manchmal indes konnte Andrej langsam von Begriff

Andrej und ich am 4. April 1948.

sein, sich in Widersprüche verstricken oder um eine Antwort verlegen sein. Es kam vor, dass er für einen Augenblick inne hielt, sein Blick erstarrte, er versenkte sich nach innen. Dieser Zustand überfiel ihn des Öfteren. Etwa, wenn er an einem Stöckchen hobelte (er liebte es, Ornamente in Nussbaumzweige zu schnitzen). Plötzlich hielt er inne und starrte ins Leere.

Was dieses Versenken bedeutete – Nachdenken oder Loslassen von den Gedanken und der Außenwelt? In welche Welt er wohl in solchen Augenblicken versank und wohin er verschwand? »He, Andrej!«, rief ich ihn, er zuckte zusammen und kehrte in die Wirklichkeit zurück.

Alles spricht dafür, dass er auch damals schon diese gewisse Besonderheit, die ich als Gottesmal bezeichnen möchte, an sich selbst wahrnahm und eine Beunruhigung verspürte, auch wenn er sich seines »Genies« noch nicht bewusst sein konnte. Blind suchte er nach einem Ausweg für seine ungewöhnlichen Energien. Er musste sich unbedingt mit seiner Schwester raufen, zu Mutter oder Großmutter grob sein. Später wurde diese Energie in den Beziehungen mit zahlreichen Freunden frei, denen er treu ergeben war, oder wenn er sich in ein Mädchen verliebt hatte – seine Liebesgeschichten konnten sich zu wahren Katastrophen entwickeln – und auch in der Schauspielerei, wegen der er die Schule vernachlässigte.

Zwischen Andrej und seinen Altersgenossen gab es große Unterschiede, im Temperament, in der Begabung und in der Bildung. Dabei wollte er wie alle sein. Daher auch seine Rauflust, die Schimpfwörter und der Umgang mit zwielichtigen Kumpanen. Mit fünfzehn Jahren reichte Andrej in der Schule seinen Aufnahmeantrag für den Komsomol ein. Damals waren alle Komsomolzen. Der Antrag wurde abgelehnt, denn ein enger Freund hatte sich auf einer Versammlung gegen Andrej ausgesprochen. Er war der Meinung, Andrej sei nicht würdig, in den Komsomol einzutreten (die Herde schützt sich immer vor Einzelgängern). Andrej nahm sich damals sein »Ungenügen« sehr zu Herzen. Jahre später jedoch war er stolz darauf, dass man ihn in der Schule »für unwürdig« gehalten hatte. Erstaunlich war, dass er mit diesem Jungen befreundet blieb und ihn sogar für seine »Objektivität« verehrte.

Ungefähr drei oder vier Jahre später wurde Andrej ein Stiljaga*. Jetzt wollte er nicht mehr wie alle sein, sondern etwas Besonderes. Diese besonderen Stiljagas fielen auf durch ihren Zusammenhalt, ihre Liebe zum Jazz, den Traum von Coca-Cola –

Mama, Andrej und ich. In den dreißiger Jahren verbrachten wir den Sommer meist außerhalb Moskaus.

einer Art Freiheitssymbol –, pomadisiertes Haar, enge Hosen und bunte Krawatten.

Auf der geologischen Forschungsexpedition von 1953 fand Andrej endlich sich selbst. Er beschloss an die Filmhochschule zu gehen und bereits im ersten Semester wurde deutlich, dass das Kino der richtige Weg für ihn war. Hier entfalteten sich seine Talente. Es stellte sich sogar heraus, dass er mit Eifer und Freude bei der Sache sein konnte. Bei den Dreharbeiten zu *Andrej Rubljow* wurde ihm endgültig klar, dass er in der Kunst über große Fähigkeiten verfügte. Schon damals hörte man, er sei ein Genie. Doch Genialität hat ihren Preis. Man denke nur an Thomas Manns *Doktor Faustus*. Nicht von ungefähr wollte Andrej gerade diesen Roman verfilmen.

In Andrejs Tagebuch vom 12. September 1970 steht folgende Notiz: »Ich bin wahrscheinlich ein Egoist. Dennoch liebe ich Mutter, Vater, Marinka und Senja schrecklich. Unverhofft kann ich zur Salzsäule erstarren und meine Gefühle nicht ausdrücken. Meine Liebe ist irgendwie untätig... Ich will anscheinend nur, dass man mich in Ruhe lässt, sogar vergisst. Ich erwarte keine Liebe und fordere von ihnen nichts, außer Freiheit. Doch Freiheit, die gibt es nicht und wird es nie geben...«

Gut, dass weder Mutter noch Vater jemals diese Worte gelesen haben, deren Bitterkeit ich ganz allein erfahren musste. Andrej hatte es nicht vermocht, seine Familie zu lieben und fühlte sich ihr gegenüber schuldig. Er wollte sich von ihrer moralischen Umklammerung befreien und sein eigenes Leben führen. Andrej fühlte sich von unseren hohen Erwartungen bedrängt, obwohl keiner von uns je Ansprüche an ihn gestellt hatte oder unzufrieden mit ihm gewesen war. Er litt. Zu spät verstand ich den Helden aus dem Off im *Spiegel*: »Eigentlich wollte ich einfach nur glücklich sein.«

Ob er glücklich war?

Vermutlich gab er in *Das Opfer* eine Antwort.

Der Stammbaum

Wer zu Zeiten der Sowjetherrschaft einen Fragebogen auszufüllen hatte, schrieb, falls er keiner Arbeiter- oder Bauernfamilie angehörte, er entstamme einer Angestelltenfamilie. Niemand aber wollte einer Adelsfamilie angehören. Heutzutage ist es nicht mehr illegal, adliger Abstammung zu sein. Im Gegenteil: Heute haben die Adligen einen Verein ins Leben gerufen. Ein mutiger Schritt, denn selbst heute weiß niemand, welche Wendung die russische Geschichte noch nehmen wird...

Die Mutter meiner Mutter, Großmutter Wera Nikolajewna Wischnjakowa, begrüßte die Februarrevolution von 1917 mit einer roten Schleife auf dem Aufschlag ihres »Trois-quarts«, einem Dreiviertelmantel. Das Jahr darauf kratzte sie mit viel Sorgfalt ihren Namen aus allen Familienfotos heraus. Arme, einfältige Großmutter Wera! Hätten die »Behörden« ein ernsthaftes Interesse an den Fotos gehabt, wäre vermutlich schnell ans Licht gekommen, was dort geschrieben stand. Dann hätte man Großmutter übel mitspielen können, trug sie doch vor ihrer Heirat den Namen Dubassowa. »Ein der Duma angehörender Bojar unter Zar Alexej Michailowitsch gilt als erste Erwähnung der Dubassows«, zitierte Großmutter ihren Vater. Dieser war mit dem gebürtigen Petersburger Admiral Dubassow, dem Generalgouverneur von Moskau, entfernt verwandt, ohne je seine Bekanntschaft gemacht zu haben.

Großmutters Vater, Nikolai Wassiljewitsch Dubassow, war ein äußerst gutherziger Mann. Er genoss bei der Verwandtschaft und bei den Bauern, die auf seinem Nachbargut in Perewersewo im Gouvernement Kaluga lebten, ein hohes Ansehen. Als die ersten Unruhen ausbrachen, kamen seine Bauern zu ihm: »Wassilitsch, wir lassen nichts auf dich kommen.« Vermutlich war es allein den historischen Umständen zuzuschreiben, dass die

Bauern das Haus ihres geschätzten Nachbarn während der Revolution verwüsteten und seine sterblichen Überreste aus der Familiengruft entfernten...

Im Jahre 1905 heiratete Großmutter Wera meinen Großvater Iwan Iwanowitsch Wischnjakow. Er war ein gebürtiger Kalugaer. Sein Großvater war Erzpriester, sein Vater Schatzmeister. Sie waren nicht von adeliger Herkunft. Die Mesalliance der Eheleute wurde damit entschuldigt, dass Großvater immerhin Richter und ein »Studierter« war. Er hatte die Moskauer Universität absolviert und war ein Mann von Bildung, was ihm bei Bekannten den Spitznamen »wandelndes Lexikon« einbrachte.

Im Jahre 1907 wurde in der Familie Wischnjakow die Tochter Maria geboren – Andrejs und meine Mutter.

Vaters familiäre Wurzeln hingegen reichten bis nach Polen. Einst soll jemand seinem Vater vorgeschlagen haben, die herrenlosen Herden und die Silberbergwerke des Fürsten Tarkowski in Dagestan, im östlichen Hochgebirge des Kaukasus, zu übernehmen. Daher stammt vermutlich auch die Version vom kaukasischen Ursprung unseres Geschlechts. Mit Urkunden lässt sich diese Legende nicht belegen. Ich weiß noch, dass sich ein Pergamentpapier mit dem Stammbaum der Tarkowskis zwischen anderen Papieren befand, die nach dem Tod von Vaters Mutter in unserem Haus aufbewahrt wurden. Darauf waren mit Tusche Kreise gezeichnet und in jeden Kreis war ein Name eingetragen. Ich erinnere mich gleichfalls, auf Vaters Namen und auf den Namen seines Bruders Walja gestoßen zu sein. Weiter entfernte Verwandte interessierten mich damals nicht. Dieses Pergamentpapier war irgendwann verschwunden. Erhalten geblieben ist aber eine Urkunde aus dem Jahre 1803, eine »Patentschrift« in polnischer Sprache, die die Adelsprivilegien von Major Matwej Tarkowski bestätigt. Aus dieser Urkunde und aus den »Akten der Wolynskaja Adelsversammlung über die adelige Abstammung des Geschlechts der Tarkowskis« geht hervor, dass die Ahnen meines Vaters in der Ukraine lebten

Karl Matwejewitsch, Maria Kaetanowa und
Nadeshda Karlowna Tarkowski.

und Militärangehörige waren. Sie bekannten sich zum römisch-katholischen Glauben. Bis auf Vaters Vater. Er war als orthodoxer Gläubiger im Kirchenbuch eingetragen und hielt sich für einen Russen.

Die Tarkowskis hatten helles Haar und helle Augen. Ausgenommen Maria Danilowna Ratschkowskaja, unsere Großmutter väterlicherseits. Sie war die Mutter meines Vaters Arseni Tarkowski. Sie kam als Tochter von Daniil Ratschkowski zur Welt, einem Kischenjower Postmeister und Hofrat. Sie hatte dunkles Haar wie ihre rumänische Großmutter. Offensichtlich mischte sie alle Karten neu. Vaters Familienname und seine dunkelhaarige Mutter schienen den Dagestanern Grund genug, ihn für einen der ihren zu halten. Während die Russen nicht müde wurden, die altbekannte Frage zu stellen, ob Tarkowski nicht etwa ein Jude sei. Selbst unseren Nachbarn ließ diese Frage noch lange vor Kriegsausbruch keine Ruhe. Vaters Nationalität beunruhigte auch etliche Zuhörer auf seinen Dichterabenden, die ihn anonym per Zettel danach fragten. Vater war in einer Familie groß geworden, die alle Menschen gleich behandelte, egal welcher Nationalität sie angehörten. Deshalb ignorierte er derartige Zettel. Überhaupt war Vater ein wenig altmodisch. Damen küsste er die Hand, Schurken würdigte er keines Blickes.

WGLK

Hinter der Abkürzung WGLK verbarg sich die Bezeichnung für eine Bildungseinrichtung, an der unsere Eltern studierten. Sie bedeutete *Höhere Literaturkurse des Allrussischen Verbandes der Dichter an der Moskprofobra*. Die Abkürzung *Moskprofobra* war wiederum eine ungeheuerliche und stümperhafte Abkürzung für *Moskauer Berufsausbildung*.

Die Literaturkurse waren einer Hochschulbildung gleichwertig. Sie waren auf den Ruinen des Literaturinstitutes entstanden, das einst von W. J. Brjussow gegründet und nach seinem Tod geschlossen worden war. Eine Reihe von Lehrern, die noch mit Brjussow zusammengearbeitet hatten, begannen dann auch Literaturkurse zu unterrichten. Unter ihnen waren großartige Wissenschaftler wie der Puschkin-Forscher M. A. Zjawlowski, der Philologe G. G. Schpet, sowie der Literaturwissenschaftler I. N. Rosanow.

Arseni Tarkowski, mein Vater, kam zum Studium nach Moskau aus Jelisawetgrad, einem Städtchen in der ukrainischen Steppe, über das kurz zuvor noch die Stürme des Bürgerkrieges hinweggefegt waren. 1924 war Jelisawetgrad in Sinowjewsk umbenannt worden, und zwar noch zu Lebzeiten und zu Ehren des dort geborenen Parteiführers G. J. Sinowjew, der sich, wie man sieht, keineswegs durch übermäßige Bescheidenheit auszeichnete. Ich sollte hinzufügen, dass die Stadt Sinowjewsk 1936 in Kirowo und 1939 wiederum in Kirowograd umbenannt wurde, wie sie heute noch heißt.

Im Alter von siebzehn Jahren, damals ein von seinen Eltern vergötterter Junge, hatte Assik Tarkowski schon erfahren müssen, was die Schrecken des Krieges bedeuteten. Er hatte den furchtbaren Anblick seines Vaters und seines Bruders ertragen müssen, nachdem diese von Soldaten misshandelt worden waren, hatte den Tod des Bruders überlebt und war des Hauses beraubt worden. Die Familie schlug sich 1919 zum Haus der Tante, O. D. Gussewa, durch – gemeinsam war es leichter, den Krieg zu überleben. Er war zwei Mal verhaftet worden, ein Mal von den Patrouillen der Atamanin Marussjka Nikiforowa, später von den Behörden der Tscheka. Seine Freunde und er hatten in der Zeitung ein Anti-Lenin-Akrostichon veröffentlicht. Auf dem Weg nach Nikolajew, wohin sie zur Erschießung gebracht werden sollten, war Vater aus dem Waggon geflohen und lange »ohne eine Kopeke in der Tasche« in der ukrainischen Steppe umhergeirrt. Weil er sich fürchtete, nach Jelisawetgrad zurückzukehren, schloss er sich einer Fischereigenossenschaft am Asowschen Meer an; später lernte er bei einem Schuster.

In Sinowjewsk blieben Vaters Mutter, Maria Danilowna Tarkowskaja, und die Grabstätten der Verwandten zurück – die des Großvaters, des Vaters, des Bruders und jener Frau, die er einst »inniger liebte als all' die andern«.

Als Vater aus Jelisawetgrad in Moskau ankam, trug er ein Heft bei sich, das seine Jugendgedichte enthielt. Er war fest entschlossen, Dichter zu werden. Am Ende des Aufnahmeexamens für Literatur musste jeder Abiturient seine eigenen Werke vortragen und ein Gespräch über Literatur führen. Vater wurde vom Dichter und Dozenten für Poetik Georgi Arkadjewitsch Schengeli geprüft. Später wurde Schengeli sein Mentor und älterer Freund.

Vaters erstes Studienjahr fiel in das Jahr 1925. Er studierte zusammen mit den Dichterinnen Maria Petrowych und Julia Moissejewna Nejman, sie blieben sich ein Leben lang geistig und menschlich nahe. Unter den Kommilitonen waren auch der zukünftige Mann von Maria Petrowych, Witali Golawtschew, und der Sohn des Schriftstellers Daniil Andrejew.

Im gleichen Jahr nahm auch Mutter ihr Studium mit den Vorbereitenden Kursen auf. Sie hatte ihren Schulabschluss in

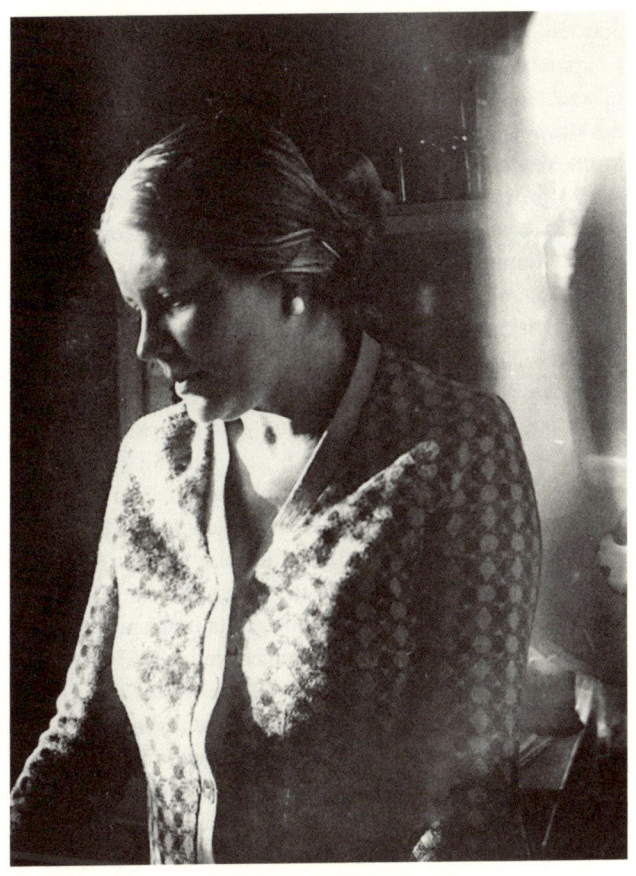

Mama vor Andrejs Kinderbett, 1932.

der Stadt Kischenjow an der Wolga gemacht, wo sie mit ihrer Mutter und dem Stiefvater lebte.

Die Studenten befassten sich vornehmlich mit Geisteswissenschaften, obgleich der Studienplan der Vorbereitungskurse und des ersten Studienjahres auch ökonomische Geographie und Biologie vorsahen. Des Weiteren studierten sie die Fächer Russische Literatur, Europäische Literatur, Griechische und Römische Literatur, Geschichte, Sprachwissenschaft, Psychologie des künstlerischen Schaffens, Ästhetik, Poetik, Epik, Einführung in die Verslehre, Dramaturgie und Einführung in die Klubarbeit. Hinzu kamen Pflichtfächer wie Politische Ökonomie, Geschichte der KPdSU(B), Geschichte des Klassenkampfes in Russland und Geschichte der westeuropäischen revolutionären Bewegung.

Der Direktor des Studienjahres, der Dichter Sacharow-Menski, war ein brillanter Mensch. Später kam er, wie viele der anderen Professoren und Studierenden, in den Stalinistischen Zwangslagern ums Leben.

Mutter studierte im gleichen Jahrgang wie Nina Lurje-Aleksejenko, Nadeshda Lapschina-Terpsichorowa und Natascha Radtschenko, der zukünftigen Schriftstellerin Natalja Baranskaja. Diese erinnert sich, dass der Studienplan zu ihrer Zeit noch nicht vollständig war, die künstlerischen Seminare ausfielen. Der Unterricht fand abends statt, das Publikum war sehr gemischt. Unter den Zuhörern waren auch junge Mädchen, Kinder von NÖP-Reichen*, die als »Klassenfremde« galten und deshalb keinen Zutritt zu den staatlichen Hochschulen erhielten.

Der Unterricht kostete Gebühren. Und meine Eltern, die nur von der Hand in den Mund lebten, was man damals als »foufou« bezeichnete, freuten sich natürlich über jede Unterstützung von zu Hause. Meiner Mutter ging es etwas besser, weil ihr Stiefvater Nikolai Petrow als Arzt nicht schlecht verdiente und ihre Mutter ihren eigenen Hof bewirtschaftete. Sie bekam oft Päckchen von ihr. Außerdem war Mutter zu dieser Zeit eine der wenigen, die ein eigenes Zimmers besaßen.

Vater dagegen hatte es besonders schwer. Seine Mutter musste mit einer kleinen Witwenrente auskommen, deshalb konnte sie ihn kaum unterstützen. Eine feste Unterkunft hatte er auch nicht. Einmal mietete er ein kleines Zimmer an der Station

Dwadzaty Werst an der Belorussisch-Baltischen Fernverkehrsstraße, ein anderes Mal wohnte er in einer Absteige neben dem Taganskaja Platz. Danach nahmen ihn für eine Weile Georgi Schengeli und seine Frau Nina Manuchina bei sich auf. In ihrem Zimmer in der Borisoglebski Gasse, einer Querstraße der Powarskaja, schlief Vater unter dem Tisch und hatte dort, wie er sich entsann, sogar ein eigenes elektrisches Lämpchen.

Im Februar 1928 heirateten meine Eltern, und Vater zog mit seiner »Mitgift«, einer hellblauen Wattedecke, einem Kissen und einem Stapel Bücher zu Mutter in die Gorochowski Gasse.

1929 wurden die Literaturkurse von den Behörden geschlossen, weil die Tochter eines hohen Militärs durch ihren Selbstmord für einen Skandal gesorgt hatte. Die Studenten erhielten nur noch die Erlaubnis, ihre Testate und Examen an der Ersten Moskauer Staatlichen Universität abzulegen. Zu dieser Zeit war Vater bereits Mitarbeiter der Zeitung *Gudok*. Schengeli, der für den *Gudok* gereimte politische Beiträge verfasste und über die Gerichtsberichterstattung wachte, hat ihn dort eingeführt. Als Schengeli sich entschlossen hatte, die Zeitung zu verlassen, empfahl er Vater für seinen Posten. So kam es, dass Vater das Studium hinwarf, um zu arbeiten, Gedichte zu schreiben und sich dem Selbststudium zu widmen.

Mutter dagegen wollte nach drei Jahren Studium nicht einfach alles hinwerfen. Zumal ihr seinerzeit durchaus bewusst war, dass ihr das Diplom mit dem Nachweis über die Hochschulbildung später noch von Nutzen sein könnte.

Mutter schrieb Gedichte und Prosa. Freunden gefielen ihre Texte, einer von ihnen hatte sie sogar »Tolstoi im Rock« getauft. Von ihren Werken ist nur noch das kurze Manuskript einer Erzählung erhalten geblieben. Den Rest hat sie vernichtet. Ihre literarische Begabung kann man aus ihren wunderbaren Briefen und ihren losen Tagebuchaufzeichnungen ersehen. Folgende Notizen sind für Mutters Charakter exemplarisch und erklären ihr späteres Schicksal:

Arseni und Maria Tarkowski, Sommer 1935.

... Ich habe jetzt verstanden, was meinen gesamten Alptraum ausmacht, ich habe ein schöpferisches »Naturell« (Mutter setzt Anführungszeichen, weil sie keine übertriebenen Worte mochte), das heißt, ich verfüge über alles das, was schöpferische Menschen haben müssen. Etwa eine besondere Beziehung zu

dem, was ihn umgibt, die Fähigkeit zur Verallgemeinerung und auch die Begabung, die Dinge zu filtern; das Schwierige daran ist, dass ich dabei Ansprüche an das Leben habe wie ein »Schöpfender«. Allein eines fehlt mir – die Begabung, und schon gerät die gesamte Konstruktion ins Wanken und stürzt über meinem Kopf zusammen; meine Ansprüche können sich niemals erfüllen, weil ihre Verwirklichung meine Kräfte übersteigen. Tonja hat einmal zu mir gesagt, sie träume davon, der Freund eines großen Menschen zu sein; mich versetzte das in Erstaunen, weil ich immer selbst eine Schaffende sein wollte.

Gnadenbrotempfängerin einer fremden Begabung zu sein! Dafür muss man sich selbst verleugnen können. Auch wenn mir das nicht schwer fällt, ich verzichte gern auf vieles, bin ich um so geiziger mit meiner Innenwelt. Ich werde nie diese Heilige sein können! Es war für mich unmöglich, die Amme einer fremden Begabung zu sein und sicher ist das alles ein Grund, weshalb es mir nicht gelingen will, mein Leben zu verändern.

So war unsere Mutter. Andrej kannte diese Aufzeichnungen nicht, aber er verstand Mutter gut und konnte sich in sie einfühlen. Deshalb ist das Antlitz der alten Mutter, die ihre Kinder mit sich führt, am Ende des Films *Der Spiegel*, nicht gutmütig und liebevoll, sondern angespannt und streng. Sie ist ganz mütterliche Pflichterfüllung. Sie liebt ihre Kinder, aber sie sieht darin nicht den hauptsächlichen Sinn ihrer Existenz auf dieser Welt. Das Hauptsächliche aber, nämlich eine Schaffende zu werden, war in Mutters Leben nicht in Erfüllung gegangen.

Doch zurück zu den Literaturkursen. Es kam der Sommer 1930. Vater fuhr mit seiner Schwiegermutter an die Wolga, um sich zu erholen und seine Gesundheit zu stärken. Mutter blieb indes in Moskau, ihr standen in etwa zehn Tagen die Examen bevor, danach wollte sie Vater aufs Dorf nachreisen.

Am 14. Juni 1930 machten sich Vater, Großmutter und die Hündin meiner Eltern, Tussjka, auf die Reise, unterwegs hielten sie in Kischenjow. Nach der Ankunft, am 15. Juni, schrieb Vater vom Bahnhof eine Postkarte mit der Bitte an Mutter, sie möge so schnell wie möglich zu ihm kommen. Am 16. Juni verfasste Mutter einen Brief, in dem sie sehr vernünftige Gründe für ihren Studienabschluss anführte. Vaters Postkarte hatte sie zu diesem Zeitpunkt noch nicht erhalten. Etwa am 18. Juni erhielt sie seine Karte und kurz darauf ein Telegramm, in dem er sie anflehte, alles hinzuwerfen und sofort zu ihm zu kommen. Am 24. Juni fuhr Mutter aus Moskau nach Sawrashje ab. Allerdings ohne ihre Examen abgelegt zu haben, die sie für einen Nachweis über ihren Abschluss des Studiums benötigt hätte. Dafür feierte sie gemeinsam mit Vater seinen dreiundzwanzigsten Geburtstag.

So endeten Mutters Lehrveranstaltungen an der WGLK. In Fragebögen musste sie in die Spalte »Hochschulbildung« eintragen: »nicht abgeschlossen«. Später arbeitete sie als Korrektorin in einer Druckerei und unternahm nicht einmal den Versuch, eine Anstellung als Lektorin zu finden. Ohne Hochschulabschluss wurde man für eine solche Position nicht eingestellt.

Die Himmelstreppe

Es gibt Orte, die zu besuchen schwerer fällt als ein Friedhof ...

Ich fahre in die Stschipowski Gasse. Eigentlich mag ich nicht sehen, was aus dem ehemaligen Haus in der Ersten Stschipowski Gasse geworden ist, wo unsere Familie jahrzehntelang gewohnt hat, wo Andrejs Kindheit begann und seine Jugend endete.

Eines Tages fragte mich ein junger Mann, der einem Drehteam des Zentralen Studios für Dokumentarfilme angehörte, mit unbeabsichtigter Taktlosigkeit: »Was hatte Sie denn damals hierher verschlagen?« Er filmte diese schäbige Behausung, bevor sie abgerissen werden sollte. Ich unternehme den Versuch, es zu erzählen...

Wir zogen am 28. Dezember 1934 in die Stschipowski Gasse. An diesem Tag herrschte strenger Frost. Andrej trug einen Wintermantel aus Wollwatteline, mich hatte man in eine Wattesteppdecke aus himmelblauem Satin eingewickelt. Ich war knapp drei Monate alt, Andrjuscha zwei Jahre und neun Monate.

Vorher, und zwar seit 1928, wohnten Mutter und Vater in der Gorochowski Gasse 21, Wohnung Nr. 7. Der Erbauer dieses Hauses hatte es in den zwanziger Jahren von einer Baugenossenschaft errichten lassen. Als Mutter 1925 aus Kineschma zum Studium nach Moskau ging, hatte sie von Großmutter Geld für ein Zimmer erhalten, das zu einer dieser Genossenschaftswohnungen gehörte und in der auch Verwandte von Mutter lebten. Dort wohnten unsere Tante Ljussja und ihre Tochter Schura mit ihrem Mann. Die zweite Tochter von Tante Ljussja, auch sie hieß Ljussja, wohnte mit ihrer Familie in der Ersten Stschipowski Gasse, im Haus Nr. 36. Das war das Verwaltungshaus der Firma TESHE und gehörte zu einem Parfümeriebetrieb, der sich nebenan im Hof befand.

Mit Ljussja, »der Kleinen«, tauschte Mutter ihr Zimmer gegen eine Wohnung in der Stschipowski Gasse, wo es zwei Nebenzimmer und zum Glück keine Tante Ljussja, »die Große«, mehr gab, die für ihren despotischen Charakter bekannt war.

Und so fand am Abend des 28. Dezember unser Umzug mit einem gemieteten Anderthalbtonner statt. Mutter saß mit uns in der Fahrerkabine, Vater blieb mit Lew Gornung, der uns beim Umzug behilflich war, bei den Sachen im Laderaum.

Kaum war Andrej im Zimmer, kletterte er auf das breite Fensterbrett und begann seine Lieblingsarie von Lenski aus der Oper *Eugen Onegin* zu singen. Ihm gefiel es, dass seine Stimme in dem leeren Zimmer lauter klang als in einem möblierten Zimmer, und er gab, solange die Eltern die Sachen hin und her trugen, sein gesamtes Repertoire zum Besten.

Andrejs Bett mit dem Netz und das geflochtene Körbchen, in das man mich hineinlegte, wurden im hinteren der zwei Zimmer aufgestellt, das etwas heller und trockener war. Die Fenster gingen auf einen nicht sehr großen Innenhof, einen sogenannten »Hinter«-Hof, während die Fenster des vorderen Zimmers auf die geziegelte Brandmauer des Nachbarhauses stießen. Vielleicht hat sich Andrej an jenes Fenster erinnert, als er *Nostalghia* drehte – das Fenster ohne Perspektive, das Fenster der Hoffnungslosigkeit?

Gedanken dieser Art kamen uns Kindern damals noch nicht in den Sinn. Die Wohnung mit den zwei winzigen Zimmern wurde für uns zu unserem Vaterhaus, unserer Zuflucht, unserer Höhle. Wie alle Wohnungen hatte auch diese einen ganz eigenen Geruch. Es roch nach Feuchtigkeit, chemischem Betrieb und Büchern.

Es gab Unmengen von Büchern. Vater nahm, als er uns verließ, nur seine Lieblingsbücher mit. Wir behielten unter anderem die Bände von *Brehms Tierleben* mit Farbabbildungen, die mit Seidenpapier geschützt waren, eine Sammlung von Puschkin-Gedichten in einer Beilage der Zeitschrift *Ogonjok*

„Die Himmelstreppe" im Haus unserer Kindheit heute.

aus Sowjetzeiten; grob, fast schon Packpapier gleichend, aber dafür mit einer Abbildung vom Puschkin-Denkmal auf dem Umschlag. In dieser Sammlung machte ich einen höchst seltenen Fund, ich stieß auf das Puschkin-Poem *Gabrilliade**. Als Andrej davon erfuhr, beanspruchte er diesen Band sogleich für sich und schleppte ihn aus dem Haus zu Freunden, wo er letztlich verloren gegangen ist.

Viele Bücher kamen während des Krieges abhanden, weil in der Wohnung zeitweise Feuerwehrmänner einquartiert waren, die sich daraus Selbstgedrehte machten. *Brehms Tierleben* aber wurde von Mutters Freundin verkauft, die sich, solange wir evakuiert waren, um die Wohnung kümmern sollte.

Ich erinnere mich gut an die einzelnen Bände des Lexikons der Internationalen Literatur, an Vaters *Hauffs Märchen*, an *Die Geschichte einer Feindschaft* mit Portraits von Dostojewski und Turgenjew, an den Ausstellungskatalog des Malers Pjotr Kontschalowski.

So manches Bild in diesem Katalog versetzte mich damals in Erstaunen. Der Maler Kontschalowski stellte eine gänzlich andere Welt dar, eine Welt, die der unserigen so gar nicht entsprach, mit üppigen Stillleben, Landhausterrassen und ausladendem Flieder. Der Katalog enthielt auch das Portrait eines Jungen. Den rechten Fuß nach vorn gestellt, hielt er in der einen Hand ein Jagdhorn und in der anderen ein Gewehr: *Andron Michalkow*. Dieser ungewöhnliche Name und das Gefühl in ein vollkommen anderes Leben hineingeraten zu sein, in dem Selbstbewusstsein und Wohlergehen herrschten, blieben mir im Gedächtnis. Ich hatte meine Kindheitsimpressionen längst vergessen, als mir Andrej 1963 Andron Michalkow-Kontschalowski vorstellte. Andron küsste mir die Hand mit den Worten: »Guten Tag, Schätzchen!« In diesem Augenblick fiel mir wieder ein, wie ich einmal im Halbdunkel des Zimmers gesessen hatte, wo es nach Feuchtigkeit und Chemie roch und mich lange in sein Kinderportrait vertiefte …

Unseren Eltern brachte das Leben in der Stschipowski Gasse kein Glück. Meist wachte zuerst Andrej auf. Er postierte sich in seinem Bettchen und pflegte zu rufen: »Mama, los, anziehen!« Dann mühte sich Mutter mit mir ab. Sie versorgte uns mit Essen. Danach nahm sie mich auf den Arm, Andrej an die Hand und gemeinsam gingen wir zum Sazepski Markt, um Milch zu kaufen. Wenn wir zurückkamen, schlief Vater noch. Er war am Vorabend spät heimgekehrt oder hatte bis tief in die Nacht über seinen Übersetzungen gesessen. Mutter musste ihn wohl oder übel wecken. Brennholz musste geholt werden, der Ofen angeheizt, die Windeln gewaschen, das Mittagessen auf dem Petroleumkocher zubereitet, ein Spaziergang mit den Kindern gemacht und ihnen Möhrensaft verabreicht werden. Ich erinnere mich an Mutters Hände, die gelb von den Möhren waren.

Vater war entrüstet, dass man ihn weckte, Mutter gereizt. Erst abends, wenn uns unsere entkräftete Mutter versorgt und ins Bett gebracht hatte, blieb ihr etwas Zeit für sich. Manchmal kam dann Vaters Freund und Co-Übersetzer Arkadi Schtejnberg vorbei, doch die beiden Männer gingen lieber außer Haus, in den Verband der Dichter oder zu Freunden.

Sommers hielten wir uns außerhalb der Stadt auf. Vater besuchte uns selten auf der Datscha. Viel öfter war Lew Gornung bei uns, er brachte Lebensmittel und Petroleum mit. Eine Nachbarin war sehr verwundert, als sie erfuhr, dass er keineswegs der Vater der Kinder sei. Zu jener Zeit fand Mutter oft Zettel von Frauen in Vaters Taschen. Wie sie darauf reagierte, vermag ich nicht zu sagen.

Die Gereiztheit auf beiden Seiten vergällte meinen Eltern das Leben. Vater wartete nur auf Gelegenheiten, dem Zuhause zu entfliehen. Hier war es eng, warteten Kinder, eine erschöpfte Ehefrau und Sorgen. Bei seinen Freunden, der Familie Trenin, hingegen, las man Gedichte, führte geistreiche Gespräche mit Gleichgesinnten, machte neue Bekanntschaften und lernte interessante Frauen kennen. Wie die fröhliche Antonina Alexan-

Andrej und ich am 1. Januar 1935.

drowna Bochonowa, auch Tonja genannt, in die sich Vater verliebte.

Ich erinnere mich, wie ich unter dem Tisch saß und weinte: »Papa, geh nicht fort von uns!« Vater ging dennoch. In der Jugend war er ein Sklave seiner Leidenschaften. Erst im vorgerückten Alter pflegte er mir manches Mal seinen selbstersonnenen Aphorismus zu zitieren: »Jede nächstfolgende Frau ist schlimmer als die vorhergehende«. Demzufolge war Mutter die Beste.

Mutter schrieb nie allein Vater die Schuld für ihre Streitigkeiten zu. Sie fühlte sich ebenso schuldig wie er. »Ach, Assja, Assja, wie viel Unsinn haben wir beide im Leben angestellt«, schrieb sie Vater später an die Front.

An einem der heißen Tage im Juli 1976 muss ich in die Stschipowski Gasse. Jetzt führt der Metro-Ausgang Serpuchowskaja direkt auf die Stremjanny Gasse. In unmittelbarer Nähe befindet sich die Schule, die Andrej früher besuchte.

Ich laufe die Straße entlang. Einst Andrejs täglicher Schulweg und Mutters Weg zur Arbeit in die Druckerei. Dort ist auch unser Haus, beziehungsweise das, was es einmal gewesen war. Nur das Fundament und die Wände mit den leeren Fenstern stehen noch. Während des Krieges war unser Wohngebiet besonders stark von den Deutschen bombardiert worden. Damals hatte unser Haus standgehalten. Heutzutage legen wir selbst Hand an ...

Im hinteren Zimmer, dort, wo Andrejs Bett gestanden hatte, wächst heute Feuerkraut. Nun, Mutter und Andrej mochten es immer sehr. In Kriegszeiten sammelten wir es an Stellen, wo zuvor Walderdbeeren wuchsen oder auch auf Brandflächen neben Himbeersträuchern. Wir trockneten die Blätter und brühten sie auf.

Eine Leiter, die ins Nichts führt. Oder in den Himmel. Eine eiserne Feuerleiter, die Andrej einmal im Alter von drei Jahren hinauf geklettert ist. Können Sie sich vorstellen, was Mutter in diesem Augenblick fühlte? Doch sie ließ sich nichts anmerken, um Andrej nicht zu erschrecken. Sie rief ihm zu: »Andrjuscha, wie geht es dir da oben, gut?«. »Gut!«, erwiderte Andrej. »Dann warte auf mich, ich komme gleich zu dir geklettert!« Andrej wartete auf der obersten Stufe auf sie und Mutter stieg mit ihm, nachdem sie ihn von hinten »kreuz und quer« um den Bauch gefasst hatte, die schmalen Sprossen auf die Erde hinab.

Nach oben führte auch die weiße Steintreppe, die von Generationen von Bewohnern ausgetreten worden war. Diese ging Andrej hinauf, wenn er zur Familie Goppius wollte, die in der zweiten Etage wohnte, um Klavier zu üben. Ein eigenes hatten wir nicht.

Ein Zaun grenzt die Hausruinen von der Straße ab. Dahinter ist ein Platz mit Gerümpel: zerbrochenes Glas, Hausrat, Überreste von farbigem Stuck und verrostete Heizungskörper, die uns einst wärmten. An all diesen Dingen haftet eine Ästhetik des Hässlichen, wenn man so will. Wenn Andrej hier wäre, hätte er sicher eine Filmszene über das Vergessen und die Vergänglichkeit allen Lebens gedreht.

Ich hätte nicht in die Stschipowski Gasse kommen sollen.

Madame Eugénie

Nachdem sich Vater von Mutter getrennt hatte, musste sie auf Arbeitsuche gehen. Weil wir damals noch Kleinkinder waren, hingen wir an ihr »wie ein Klotz am Bein«, wie Großmutter Wera zu sagen pflegte. Damals, 1936, war Großmutter Wera erst seit kurzem verwitwet. Nun wollte sie unsere Mutter unterstützen und uns für einige Monate zu sich nach Jurjewez nehmen.

In Moskau lebte eine französische Bekannte unserer Mutter ganz in der Nähe. Sie war alleinstehend, und Großmutter Wera überredete sie, nach Jurjewez mitzufahren. Sie sollte ihr dort bei der Erziehung der Kinder zur Hand gehen. Zugleich könne sie uns in Französisch unterrichten. Sie einigten sich über eine Aufwandsentschädigung, freie Kost und Logis.

So lebten wir eine Zeit lang in einem alten, durchweg aus Holz gebauten Städtchen an der Wolga bei Großmutter Wera, wo sich seit der Revolution, mit Ausnahme einiger Straßennamen, fast nichts verändert hatte. Wir wohnten in der Engels-Straße Nummer 8. Heute trägt die Straße den Namen Andrej Tarkowski, und im Haus wurde ein Museum eröffnet.

Es hieß, dieses geräumige Haus habe einst einem kinderreichen Schuster gehört. Er musste, weil im Haus Kommunalkas* eingerichtet wurden, mit Kind und Kegel in den Schuppen umziehen. Als Verwalterin wurde die parteitreue Mitbewohnerin Charlamowa bestimmt. Dieses kleinwüchsige Frauenzimmer hatte kurzes Haar und böse hin- und herschweifende Augen, weshalb man den Eindruck gewann, sie befinde sich jederzeit kurz vor einem Wutanfall.

Obgleich Großmutter Wera zwei nebeneinander liegende Zimmer bezogen hatte, musste sich ihre Haushälterin Annuschka hinter einem Gardinenvorhang am Ende des Gemeinschaftskorridors einrichten.

Annuschkas Liebling, die Kuh Golubka, zu deutsch Täubchen, musste damals verkauft werden, weil sich das Heu verteuert hatte. Annuschka blieb nichts weiter übrig, als die Milch in der Nachbarstraße zu holen, wobei sie ihre Lippen verschämt zusammenpresste – wegen unserer Kuhlosigkeit.

An den Aufenthalt in Jurjewez erinnere ich mich erstens besonders gut, weil uns Madame Eugénie Brennnesseln in die Betten legte – schließlich sollten wir nicht herumzappeln, sondern schnell einschlafen – und zweitens, weil ein Mann in Filzstiefeln zu uns kam, um uns zu zählen. Im Januar 1939 wurde in der Sowjetunion eine Volkszählung* durchgeführt.

Damals berichteten alle Zeitungen selbstgefällig und ausführlich von der bevorstehenden Volkszählung. Auch mit der Bevölkerung führte man »Gespräche«. Es hieß, man wolle die Gläubigen ausmachen, denn von den vierzehn Fragen beinhalte auch eine Frage die religiöse Zugehörigkeit. Großmutter und Annuschka diskutierten lange hinter fest verschlossener Tür, wie sie sich verhalten sollten. Schriebe man »gläubig«, käme man vielleicht ins Gefängnis, schriebe man »nicht gläubig«, beginge man eine Sünde, verriete den Glauben und sage die Unwahrheit. Was sie wohl damals angaben? Jetzt ist es für Fragen zu spät.

Der 17. Januar 1939 war ein frostiger Tag. Als der Volkszähler kam, waren wir zu Hause. Winzig wie ich war, konnte ich ihn ungestört betrachten: Seine akkurat besohlten Filzstiefel, den darauf schmelzenden Schnee und die auf dem Boden abgestellte schwarze Aktentasche aus Kunstleder. Der Volkszähler fragte alle der Reihe nach. Nun war Andrej dran. Der Mann las die Fragen vor, Andrej und Großmutter antworteten.

Als sie an den Punkt zur Lese- und Schreibkundigkeit gelangten, sagte Andrej: »Ich kann lesen und schreiben«. Der Volkszähler glaubte ihm nicht und lachte. »Ich kann lesen und schreiben«, wiederholte Andrej. Seine Stimme zitterte, er war gekränkt. Da legte Großmutter ein gutes Wort für ihn ein und

Dieses Foto wurde im Jurjewezer Fotostudio 1938 aufgenommen.

bestätigte, der Junge könne tatsächlich »schriftlich« schreiben und lesen. Immer noch ungläubig, griff der Volkszähler nach seiner Aktentasche und suchte die *Prawda* hervor: »Na, dann lies!« Andrej las die Überschrift des Leitartikels und einige Absätze vor. Der verblüffte Volkszähler, gewohnt in dieser Rubrik einen Strich einzutragen, notierte bei Andrej »kann lesen und schreiben«. Kurz darauf veröffentlichte die Lokalzeitung die Mitteilung, im Zuge der Volkszählung sei ein kleiner Junge ermittelt worden, der fließend lesen könne.

Was die französische Sprache angeht – wir haben sie nicht erlernt. Großmutters Einfall, eine französische »Bonne« einzustellen, entpuppte sich als eine ihrer größten Utopien. Eifrig führte Madame Eugénie mit Großmutter ausschweifende Gespräche auf Russisch. Nicht weniger eifrig verspeiste sie alles, was auf den Tisch kam. Denn Großmutter scheute keine Mühe und wollte mit ihren Kochkünsten glänzen.

Nachdem Madame einige Monate auf diese Weise bei uns verbracht hatte, fuhr sie wieder nach Moskau zurück. Wir sahen sie nie wieder und erfuhren weder ihren Familiennamen, noch ihre Lebensgeschichte. An die fünfundzwanzig Jahre später, als ich mit Mutter die Bolschaja Pionerskaja Straße entlang lief, deutete sie mit dem Kopf auf ein zweistöckiges Haus mit einem kleinen Turm und sagte in ihrem besonderen Tonfall, den ich als traurig-erzählend bezeichnen würde: »Hier wohnte Madame Eugénie. Erinnerst du dich an sie?«

«Wo ist sie denn jetzt?«, fragte ich. Mutter schwieg eine Weile, dann erwiderte sie: »Zu Kriegsbeginn wies man sie aus Moskau aus. Damals wies man viele aus… Aber erzähl es nicht rum!«

Geblieben sind vage Empfindungen, einzelne Erinnerungsfetzen. An die nunmehr harmlosen vertrockneten Brennnesseln in meinem Kinderbett, die kleine Waldwiese vor der Simonowskaja-Kirche, das vor langer Zeit abgetragene Haus in Samoskworetschje und den wohlklingenden Namen – Madame Eugénie.

Der Mantel aus Watteline

Unsere Großmutter Wera war eine ausgesprochen gute Haushälterin und versiert in Handarbeiten. Immerzu war sie damit beschäftigt etwas umzufärben oder umzuändern, für Mutter, für Vater oder für uns, ihre Enkel. Einmal hatte sie mit Hilfe eines Schnittmusters einen warmen Mantel für Vater genäht. Über Jahre leistete er ihm gute Dienste.

Eines schönen Tages, im Herbst 1936, als Großmutter Wera bei uns in Moskau weilte, kam ein Freund meiner Eltern vorbei. Wolodja Sh. war ein lieber Kerl und hatte nur »am Rande« mit Literatur zu tun. Draußen fiel ein kalter Herbstregen, Wolodja jedoch war nur dürftig bekleidet. Er erklärte, noch am Morgen sei es heiter und warm gewesen. Er blieb eine Weile, trank die üblichen Tassen Tee und wollte aufbrechen. Wie aus einem Munde boten ihm Mutter und Großmutter an, Vaters Wintermantel anzuziehen. Großmutter prahlte, der Mantel sei besonders warm, weil er mit Watteline aus echter Wolle gefüttert sei, die sie im Torgsin, in der Verkaufsstelle für ausländische Waren, erworben habe.

Wolodja zog den Mantel an, bedankte sich und machte sich auf den Weg. Die Zeit verging, doch er beeilte sich nicht den Mantel zurückzugeben. Großmutter fuhr wieder nach Jurjewez. Von dort aus ermahnte sie ihn, er solle den Mantel zurückbringen, worauf Wolodja antwortete, er werde dies unbedingt tun.

Der Winter kam. Großmutter konnte sich nicht mit dem Verlust abfinden. Sie schrieb an Vater und bat ihn, den Mantel zu »retten«: »Assja, ich bitte dich, geh zu Sh. und hol den Pelz. Schließlich ist das eine Schweinerei von ihm. Dahinterkommen, dass der Mantel ein gutes Futter hat, und es dann herunterwirtschaften. Ich kann Marussja etwas daraus nähen oder es für dich umarbeiten. Ich brauche die Watteline.« Nahezu in jedem

Brief erinnerte sich Großmutter mit wachsender Entrüstung: »Was schreibt ihr mir nicht mehr? Offenbar hat Sh. das Futter von Assjas Mantel heruntergewirtschaftet, nachdem er mitbekommen hat, dass die Watteline innen so gut ist. Ich habe gleich geahnt, dass er ihn nicht mehr zurückgibt.«

Aber weder Vater noch Mutter gingen bei Sh. vorbei. Vater war mit seiner Dichtung und seinen Herzensangelegenheiten beschäftigt, und Mutter war wie gelähmt, wenn es darum ging, ihre ureigensten Rechte einzuklagen.

Der Winter 1937 ging zu Ende, Wolodja tauchte nicht wieder auf und wir fanden uns damit ab, Wolodja habe den unglückseligen Mantel durchgebracht.

1959 saß ich an einem Märztag vor dem Haus auf einer Bank, meinen kleinen, in eine Wolldecke eingewickelten Sohn auf dem Arm. Die Sonne schien auf sein winziges, schlafendes Gesicht. Überall bahnten sich Rinnsale aus Schmelzwasser den Weg, die Spatzen lärmten nach der überstandenen Winterszeit. Plötzlich kam ein mir unbekannter, älterer Herr auf mich zu. Obwohl seine Kleidung äußerst ärmlich war, trug er dennoch eine Krawatte und machte insgesamt einen gepflegten Eindruck. In der grellen Frühlingssonne wirkten sein lichtes graues Haar und die blitzenden Metallzähne besonders bemitleidenswert. »Du musst Marina sein!«, sagte er. »Ich kenne dich noch, als du ganz klein warst. Und wo sind deine Eltern?«

Wir unterhielten uns kurz und ich lud ihn zu uns ein. Mutter erkannte ihn sofort wieder.

So kehrte Wolodja Sh. zurück. Er erzählte, man habe ihn im Frühjahr 1937 festgenommen. Jetzt verstanden wir, warum er Vaters Wintermantel mit der »Torgsiner« Watteline nicht zurückgeben konnte.

Mama, Papa und Andrej im Winter 1933. Diesen Mantel hatte sich
Wolodja ausgeborgt und nicht zurückgebracht.

»Man nannte sie Maria ...«

Über seine Liebe zu IHR hat Vater jedes Jahr aufs Neue Gedichte geschrieben, während verschiedenster Schicksalsmomente und in gänzlich unterschiedlichen Lebensphasen. Die schönsten Liebesgedichte über die Frau seines Herzens entstanden überwiegend in seiner zweiten Lebenshälfte, als er sich zunehmend seiner inneren Vereinsamung bewusst wurde.

Ich habe etwa zwanzig Gedichte gefunden, in denen SIE vorkommt. Die Tatsache, dass SIE existiert hat, war für mich geheimnisvoll und beunruhigend. Jedes Mal, wenn ich auf eine Andeutung über SIE stieß, hielt ich den Atem an und hoffte: Ist mit IHR Mutter gemeint?

Wieder vertiefe ich mich in Vaters Gedichtzeilen. So sehr ich es mir auch wünsche, es will mir nicht gelingen, diese Gedichte mit Mutter in Verbindung zu bringen. Im übrigen stelle ich beim Lesen fest, dass JENE Maria weitaus früher gestorben ist als meine Mutter.

Und wenn Vater damit seine Mutter, Maria Danilowna Ratschkowskaja, gemeint hat? Auch diesen Gedanken verwerfe ich. Nein, hier geht es nicht um eine Mutter. Die Gedichte sind eindeutig einer Geliebten gewidmet.

Einer Geliebten, die Vater verloren hat.

In seinem großen dunkelbraunen Notizheft aus den Jahren 1941–1945 finde ich unter einem der Gedichte die Anmerkung: »5. August 1932, Todestag von M.G.F.«.

Dass sich hinter dem Initial M. der Name Maria verbirgt, dessen war ich mir gewiss. Die Bedeutung der anderen Initialen hingegen habe ich herausgefunden, als ich in Vaters einstige Heimatstadt Kirowograd (früher Jelisawetgrad) gefahren bin. Hier fügte sich ein Detail zum anderen, hier schloss sich der Kreis.

Selbst IHREN Namen konnte ich ermitteln – Maria Gustawowna Falz. Sie war an die 15 bis 20 Jahre älter als jene jungen Leute, die zu ihrem Freundeskreis gehörten. Darunter Jura Nikitin, Kolja Stanislawski, Mischa Choromanski, die Brüder Fedorowski und Assik, also Arseni Tarkowski.

Maria Falz war genau drei Jahre mit einem Offizier namens Kolobow verheiratet. Er war einst in den 1. Weltkrieg gezogen und hatte im Bürgerkrieg auf Seiten der Weißen Armee gekämpft. Vergebens wartete Maria auf ein Lebenszeichen von ihm. Sie erfuhr nie, was ihm zugestoßen war und hoffte immer, er sei vielleicht am Leben und nach Westeuropa emigriert.

Maria Falz war anziehend, klug und gebildet. Sie besaß einen Flügel der Marke *Rönisch* und konnte wunderbar Klavier spielen. Überdies liebte sie Gedichte und kannte sich ausgezeichnet in der Dichtung aus. Dem Leben aber war sie nicht gewachsen und hatte etwas »Verletzliches« und »Weltfernes« an sich. Maria lebte bei ihren Eltern in der Alexandrowskaja Straße, wo auch die Nikitins und Tarkowskis wohnten. Zunächst hatte die Familie Falz die Zimmer in der ersten und zweiten Etage bewohnt. Später, nach dem Tod der Eltern, bezog Maria nur die erste Etage mit den zwei niedrigen Zimmern, deren Fenster auf den Garten gingen. Das Haus gibt es heute noch.

Die jungen Leute fanden sich oft im Hause von Maria Falz zusammen. Vater war einer der Jüngsten. Hier trugen sie Gedichte vor, fremde und eigene, sie hörten Maria zu, wenn sie Chopin spielte, scherzten und amüsierten sich. Natürlich waren alle in die Gastgeberin verliebt. Ihre Wahl fiel indessen auf Vater ...

Seit 1925 studierte Vater in Moskau an den Höheren Literaturkursen. In den Semesterferien, im Dezember 1926, fuhr er nach Leningrad, wo er unter anderem mit dem berühmten Schriftsteller und Dichter des Symbolismus, Fjodor Sologub, zusammentraf. Er sah auch Maria Falz wieder. Doch das Wiedersehen verlief eher unglücklich. Maria schlug Vater vor, sich für immer zu trennen.

Zwei Jahre gingen ins Land. Dann, es war im heißen Sommer 1928, besuchte Vater seine Mutter in Jelisawetgrad. Auch Maria stattete er einen Besuch ab. Er erzählte ihr, dass er vor kurzem geheiratet habe, zeigte ihr Fotografien von Mutter. Sie gefielen ihr.

Noch im gleichen Sommer heiratete Maria erneut und zog nach Odessa. Wer ihr zweiter Mann war und wie lange diese Ehe dauerte, ist mir nicht bekannt. Es gelang mir nicht herauszufinden, wann sich Marias Zustand verschlechterte – sie litt an Tuberkulose – und wann sie, nunmehr sterbenskrank, ihre Schwester Jelena besuchte. Ich weiß nur, dass Maria am 5. August 1932 gestorben ist. Vater erfuhr davon aus einem Brief von Jelena:

Ich möchte Ihnen für die Stunden der Freude danken,
die Sie meiner Schwester mit Ihrem Brief bereitet haben. Sie
hat ihn noch kurz vor ihrem Tod erhalten.
  Meine Schwester habe ich am 5. August verloren. Ich bin mir
sicher, wäre sie nicht so krank gewesen, hätte Sie Ihnen
sicherlich geantwortet.
  Nunmehr, da vier Monate verstrichen sind, habe ich Marias
Papiere geordnet, und dabei stieß ich auf Ihren Brief, den ich
ungelesen vernichtet habe. Auf einmal fiel mir wieder ein, wie
viel Freude es Maria bereitet hatte, Ihren Brief zu lesen. Wie sie
über diesem Augenblick der Erinnerung die schrecklichen Momente der Wirklichkeit vorübergehend vergessen konnte,
so dass ich Ihnen, der in diesen, für Maria so schweren, letzten
Tagen ihres Lebens an sie dachte, meinen Dank aussprechen
möchte.
  7. Dezember 1932. J. Falz.

Vater trug diesen Brief immer bei sich. Aus Angst, die Bleistiftschrift könnte verwischen, fertigte er am späten Abend des 8. Februar 1937 eine Abschrift mit Tinte an.

Wie sehr muss er Maria Falz geliebt haben, wie tief muss er seine Liebe zu ihr in sich bewahrt haben, dass er nicht unter ein einziges seiner Gedichte, in denen er seine Liebe zu ihr zum Ausdruck brachte – und die sogar veröffentlicht wurden –, eine Widmung notierte. Während ich die Gedichte wieder und wieder lese, beginnt sich aus deren zitternden Stoff IHRE zarte Gestalt abzuzeichnen. Der Fluss, die Brücke, SIE, »leicht wie Vogelflügel«, das schlichte Gewand, der schmale Ring, der Fliederzweig, das Blau, der »blaue Seidentand«, der Duft nach Minze, das alles ist SIE – Maria. Jene Frau, die Vater »inniger liebte als all' die andern«.

BEGEGNUNGEN MIT VATER

Seit 1937 wohnte Vater in Moskau ganz in unserer Nähe. Wir lebten in der Ersten Stschipowski Gasse, während er mit seiner zweiten Frau, Antonina Alexandrowna Bochonowa, von uns auch Tonja genannt, und mit deren Tochter Ljalja in der Parteigasse wohnte. Damals verstand ich nicht, warum Vater, der Arseni heißt, nicht in der Arsenjewski Gasse wohnt, sondern in der Parteigasse, obgleich er doch, wie ich von ihm wusste, überhaupt nicht in der Partei war. Überdies wohnte er nicht mit Andrjuscha und mir zusammen, sondern mit dem fremden Mädchen Ljalja. Dabei war er doch unser Vater und nicht ihrer.

Einmal ging ich vor unserem Haus spazieren. Plötzlich entdeckte ich am Anfang der Gasse einen Mann in einem braunen Ledermantel. Das ist Vater! Wie von Sinnen stürmte ich ihm entgegen. Meine Spielkameraden sahen mir hinterher, und ich stellte mir vor, wie ich zurückkehren und Vater an der Hand halten würde. Doch auf halbem Wege merkte ich, dass das nicht Vater war, sondern ein vollkommen fremder Mann. Meine Freude schlug in Verzweiflung um. Dennoch rannte ich weiter. Als ich auf gleicher Höhe mit dem Mann im Ledermantel war, lief ich einfach an ihm vorbei. Damit er nicht dachte, ich würde ausgerechnet ihm entgegeneilen.

Eines Tages, als Andrej und ich in der Nähe unseres Hauses im Ljapinka-Viertel spielten, kamen Vater und Tonja auf uns zu. Sie schenkten jedem von uns einen Apfel, blieben kurz bei uns und gingen wieder. Wir aber blieben zurück. Mutter sagte immer, es sei sehr gesund, draußen zu spielen.

Ab und an begegnete Mutter Vater im nahe gelegenen Kaufladen, der zur Fabrik Wladimir Iljitsch Lenin gehörte. Wie immer kaufte Mutter Brot, Milch und Butter. »Marussja, schön, dass ich dich getroffen habe. Warte auf mich, ich muss Tonja

Vater und Andrej, 1934.

anrufen«, sagte Vater zu ihr. Er rief vom Automaten aus an, der im Laden hing, zählte die Piroschennoje auf, die Törtchen, die an diesem Tag im Angebot waren und fragte Tonja, welche er nehmen solle. Dann kaufte er die Törtchen, und Mutter und Vater verließen den Laden gemeinsam. Mutter ging zu uns, Vater zu Tonja.

Tante Tonja

Die Krankheit brach im Alter von 45 Jahren aus, unerwartet und schrecklich. Halbaufgerichtet lag Tonja auf ihrem Diwan im Dunkel des Zimmers, ein hilfloses, schuldbewusstes Lächeln auf den Lippen, weil sie große Mühe hatte, mit mir zu sprechen. Das war im Januar 1951. Anfang März wurde sie ins Wischnewski-Klinikum eingewiesen, wo die schicksalhafte Diagnose Lungenkrebs gestellt wurde. »In diesem bittern zeitigen Frühjahr«, am 22. März 1951, hörte das Herz von Vaters zweiter Frau Tonja auf zu schlagen. So gingen Vaters Zeilen aus dem Gedicht »Nachtregen« (1943) in Erfüllung, die er ihr zu Kriegszeiten gewidmet hatte: »Und wie du es auch lebst, gering, gering so lebtest du auf der Welt.«

Mutter, Andrej und ich liebten Tonja. Vaters Liebe war damals längst erloschen. Aber am Anfang war alles anders.

Im Herbst 1936 trafen sich Vater und Tonja zum ersten Mal allein. Sie hatten sich zu Hause bei Tonja kennen gelernt, deren Wohnung sich in der Straße mit dem unglaublichen Namen Parteigasse befand. Diese lag obendrein in unmittelbarer Nähe von jenem Ort, an dem die russische Sozialrevolutionärin Fanny Kaplan* ein Attentat auf Lenin verübt hatte. Tonja wohnte mit ihrer Tochter Ljalja und ihrem Mann Wladimir Trenin zusammen. Er war Kritiker und Literaturwissenschaftler und kannte noch Majakowski und Burljuk. Wladimir Trenin und Tonja waren seit zehn Jahren verheiratet. Vater hatte die Trenins über den Dichter und Übersetzer Wladimir Bugajewski kennen gelernt; später ging Vater bei ihnen ein und aus, wen wundert's, die Parteigasse war nur wenige Schritte von der Stschipowski Gasse entfernt. Nach Mutters Worten war Vater damals wahrhaftig »wie von Sinnen«. Sein Verschwinden von zu Hause, das späte Heimkehren und die ungeschickten Ausreden – das alles erzürnte meine geplagte Mutter, die zwei Kleinkinder allein zu versorgen hatte. Es kam zu Auseinandersetzungen.

Der Frieden, den beide im Mai 1937 miteinander geschlossen hatten, erwies sich als ein kurzer Waffenstillstand. Mutter war zu stolz: Du gehst, na, dann geh doch! Vater war nahezu seit einem Jahr in Tonja verliebt und wurde mit seinen Gefühlen nicht fertig. Tonja hatte sich gegen seine Liebe gewehrt und ihm mehrmals eine Abfuhr erteilt, schließlich gab sie seiner Leidenschaft nach. Mutter hingegen unternahm nichts, um Vater zurückzugewinnen.

Sie packte ihm sogar eigenhändig den Koffer, als er sich, blind vor Liebe, auf den Weg nach Tarussa machte, wo die Trenins den Sommer auf der Datscha verbrachten. Doch als er aus dem Haus ging, lief sie ihm nach, nur um ihm noch einmal aus der Ferne nachzuschauen. Sie setzte sich in die Straßenbahn zum Kursker Bahnhof, fand Vater allerdings nicht im Bahnhofsgewühl.

Wenig später erhielt sie einen kurzen Brief von Vater:

Liebste Marussenka,
das Honorar für die Übersetzung der kirgisischen Dichter lässt auf sich warten, muss aber jeden Tag eintreffen. Morgen fährt Wladimir Trenin nach Moskau, er wird ein gutes Wort für mich einlegen. Sobald das Geld eingetroffen ist, schicke ich dir die Hälfte ...

Den Winter werde ich hier verbringen, so habe ich mich nun einmal entschieden, Kätzchen, so ist es leichter. Ich liebe dich sehr, weil ich dich die ganzen zehn Jahre über geliebt habe. Nach Moskau werde ich öfters kommen; wir werden Freunde sein, sonst ginge es mir schlecht.

Dass alles, einfach alles, so seltsam ausgegangen ist, daran bin ich ganz allein Schuld, ich weiß es wohl, und es tut mir weh, dass ich dir diesen Schmerz zufügen muss.

Hier meine Adresse: Stadt Tarussa, Moskauer Gebiet, Schmidt-Straße, im Hause 9 von Rasmachow. Zu Händen von W. Trenin, für mich.
   Ich küsse dich zärtlich, schreib mir schnell. Ich küsse die Kätzchen. Arseni.

Im Herbst 1937 kehrten Tonja und Vater nach Moskau zurück. Wladimir Trenin zog aus, nachdem er irgendwo ein Zimmer gemietet hatte. Vater begann, sich in der Parteigasse einzurichten und Mutter ging auf Arbeitssuche. Irgendwie musste sie ja die Kinder und sich selbst durchbringen. Zwei Menschen lebten ihr Glück, fünf andere stürzten ins Unglück.

Aber ich wollte erzählen, wie sich Vater und Tonja das erste Mal im Herbst 1936 allein trafen. Sie spazierten durch die Stadt und schlenderten die Ordynka Straße entlang. Vater trug Tonja seine Gedichte vor. Der Regen fiel und die Laternen warfen neblige Lichtkegel.

> *Es waren damals Regentropfen,*
> *Am Tage, da wir uns begegnet,*
> *Ihr Lichtflug, ihr Schattenklopfen,*
> *Der Zufall wollte, dass es regnet*
>
> ...

Tonja hat es mit der »schweren Bürde der Eifersucht und der Leidenschaft«, wie es in einer anderen unveröffentlichten Version des Gedichtes »Nachtregen« heißt, nicht gerade leicht gehabt. Folgende Zeilen schrieb ihr Vater in einem Brief von der Front: »… Ich liebe Dich sehr, und meine Liebe zu Dir wird immer mit Dir sein, was auch passieren mag, sie ist nicht mehr diese Einfordernde wie einst, sondern Bittstellerin. Ich bin jetzt ein anderer, ich habe fast alles gesehen, ich bin alt. (Vater war damals 35 Jahre alt) Aber ich glaube fest daran, dass alles gut wird.«

Tante Tonja, eigentlich Antonina Alexandrowna Bochonowa,
die zweite Frau Arseni Tarkowskis.

Als Vater im Krieg war, hat er ihr an die zweihundert Briefe geschrieben. Sie sind voller Zärtlichkeit, Vater gesteht Tonja darin seine Liebe, in Prosa und auch in Gedichten. Diese Gedichte zählen heute zur Klassik Arseni Tarkowskis.

Einige Gedichte, die für die Frontpresse bestimmt waren, unterschrieb er mit dem Pseudonym »J. Tonin«, was auf deutsch »Ich gehöre Tonja« heißt, und mit »J. Tonjuschkin«, was »Ich gehöre Tonjuschka« bedeutet.

«Ich habe Arseni verziehen, weil es bei Tonja Liebe war«, wird Mutter später über sie sagen. Und, dass Tonja ein gutes Herz hatte. Von Anfang an hatte sie ein gutes Verhältnis zu uns. Sie erinnerte Vater oft daran, weil Mutter keine »Alimente« eingeklagt hatte, von dem erhaltenen Honorar auch an die Kinder zu denken. Nachdem Vater Tonja wegen Tatjana Oserskaja verlassen hatte, freundeten sich Mutter und Tonja an. Die beiden Frauen verband vieles, vor allem jedoch ihre Liebe zu Vater, für den sie beide gleichermaßen viel Verständnis und Gespür aufgebracht hatten. Jetzt bemitleideten sie ihn beide. Äußerlich indes waren sie sehr verschieden. Mutter liebte eher schlichte Kleidung, Tonja war eine richtige »Dame«. Sie trug Hüte, modische Kleider und konnte nicht einmal in den Luftschutzkeller flüchten, ohne sich die Lippen anzumalen. »Bürger, Achtung Luftangriff!« Das Wohngebiet wurde besonders stark bombardiert, weil sich dort die Fabrik Wladimir Iljitsch Lenin befand. »Alle rennen in den Luftschutzbunker, nur Tonja sucht ihren Lippenstift«, amüsierte sich ihre Nachbarin. Tonja schneiderte sich elegante Kleider. Und selbst wenn nicht immer alles sauber versäumt war, das Kostüm saß wie angegossen. Ganz im Stil der damaligen Mode trug sie hohe Schultern, die bei ihr wie Flügel aussahen.

Tonja hatte etwas Leichtes und Fröhliches, etwas über den Alltag Erhabenes an sich. Nicht ohne Grund nannte Vater sie in seinen Frontbriefen »Schwälbchen«. Sie konnte gut zeichnen, fotografieren und schrieb Gedichte, die selbst Vaters Anerkennung fanden. Im übrigen mochte er schlichtweg alles an ihr ...

Nach seiner Verwundung im Dezember 1943 erhielt Tonja Briefe von Vater, in denen er sie darum bat, ihn aus dem frontnahen Lazarett abzuholen und nach Moskau zu verlegen. Er litt unter Gasbrand, der schlimmsten Form des Wundbrandes, sein Leben war in Gefahr. »Liebste Tonja! Du musst dich augenblicklich für die Erlaubnis meiner Einreise nach Moskau einsetzen. Wenn du sie mir noch nicht geschickt hast, kommst du dann, um mich in Kalinin abzuholen? ... Um Gottes willen, mein Mädchen, beeil' dich. Ich bin schrecklich erschöpft und möchte in ein richtiges Lazarett ...«

Über den Schriftstellerverband und dank der Unterstützung von Alexander Fadejew und Wiktor Schklowski besorgte Tonja einen Passierschein und brachte Vater nach Moskau. Bereits im Januar erhielt Vater ein Bett in der Chirurgischen Klinik bei Professor Wischnewski, der eine weitere Beinamputation vornehmen musste. Dann übernahm Tonja die Pflege. Die Wohnung in der Parteigasse war ohne jeden Komfort und der Telefonanschluss, den man Anfang des Krieges stillgelegt hatte, war noch nicht wieder installiert worden. Tonja wechselte Vaters Verbände, konsultierte die Ärzte, kümmerte sich um seine Angelegenheiten und war ihm behilflich, seinen ersten Gedichtband zusammenzustellen. Nach der Verwundung litt Vater unter schweren Depressionen. Deshalb bat Tonja wiederholt den berühmten Psychiater Professor Bruchanski, ihn zu besuchen.

In dieser Zeit erkrankte auch Tonjas Tochter schwer. Nach einer Angina war es zu Komplikationen mit dem Herzen gekommen. In diesen schweren Zeiten machten die Tarkowskis auch die Bekanntschaft von Tatjana Oserskaja. Sie betrat das Heim der Tarkowskis als Freundin von Tonja ...

1950, am Tag ihrer Scheidung von Vater, kam Tonja bei der Dichterin Maria Petrowych vorbei. Sie war wie immer – schön und fröhlich. »Du kannst mir gratulieren«, sagte sie, »heute haben sich Arseni und ich scheiden lassen!« Mit diesen Worten stellte Tonja forsch eine Flasche Wodka auf den Tisch, sie wollte ihr Leid nicht zeigen. Sie erzählte, dass Vater, der vor Gericht nach dem Scheidungsgrund gefragt worden war, geantwortet habe: »Unsere Charaktere kamen einfach nicht zusammen. Ihrer ist gut, meiner schlecht.«

Nachdem Vater Tonja verlassen hatte, musste sie sich eine Anstellung suchen. Sie wurde als Retuscheur in einem genossenschaftlichen Fotoatelier eingestellt, das seine Kundschaft in den Dörfern rings um Moskau suchte. Immer, wenn ich bei ihr vorbeischaute, war sie im Begriff, an ihrem Tisch vor dem Fenster zu arbeiten, dort hatte sie viel Licht. Ihre Instrumente waren ein scharf angespitzter Bleistift, ein Radiergummi und das Bruchstück einer Rasierklinge, mit dem sie die vergrößerten Portraits säuberte. Die Gesichter auf den Fotos waren schlicht, meist nicht einmal schön. Die Augen blickten geradeaus in das Objektiv, und ich wusste, diese Menschen lebten nicht mehr. Witwen bestellten diese Fotos, schließlich war der Krieg erst seit kurzem vorbei. Tonja hatte viel zu tun. Es war seltsam, ihr lebendiges, schönes und feines Gesicht neben den Abbildungen der Toten zu sehen, die mich in ihrer dumpfen Erstarrung anblickten.

Als Tonja krank wurde, besuchte Mutter sie oft zu Hause oder im Krankenhaus. Zu ihrer Beerdigung fanden sich viele Menschen ein: ihre Brüder – der Künstler, Fotograf und Professor an der Filmhochschule, Iwan Bochonow, und der Kameramann Nikolai Bochonow sowie deren Ehefrauen –, des weiteren Maria Petrowych und ihre Tochter Arina, die Iwitschs (das Schriftstellerpaar Ignati Iwitsch und seine Frau Anna Markowna) oder auch Tonjas Freundinnen und Gattinnen von Schriftstellern wie Genrietta Bondarina, Sossja Panowa, Berta Selwinskaja. Auch Vater war gekommen. Es fiel ihm sichtlich schwer. Auf dem Rückweg vom Deutschen Friedhof wurde Vater, der langsam vor sich hinlief, von dem Bus überholt, in dem Tonjas Tochter Ljalja Trenina saß. Ljalja bat den Busfahrer anzuhalten, und Vater stieg zu ihnen. Was er in diesem Augenblick fühlte, als er sich für immer von Tonja verabschiedet hatte, muss später in sein Gedicht »Das Leben hat mich ein wenig an Beerdigungen gewöhnt« eingegangen sein.

Maria Petrowych, ihre Tochter Arina und Mutter hatten unmittelbar nach Vater Tonjas Grab verlassen. Arina sagte zu ihrer Mutter, sie bedauere Arseni. »Und ich bedauere Maria Iwanowna Tarkowskaja«, erwiderte Maria Petrowych, »sie hat eine besondere Freundin verloren!«

ZWIEGESPRÄCH

Vater war 1925 nach Moskau gekommen, um zu studieren. Zu dieser Zeit hatte die Dichterin Marina Zwetajewa Russland verlassen und lebte im Ausland. Doch die poesiebegeisterte Jugend kannte ihre Gedichtbände sehr wohl. Wer wollte, konnte sie damals noch in den Antiquariaten und an den Straßenständen der Buchhändler erwerben oder bei befreundeten Büchersammlern tauschen.

Vater verehrte Marina Zwetajewa wie ein Schüler seinen Meister. Zu ihren Ehren nannte er mich Marina, als ich 1934 geboren wurde.

Im Sommer 1939 kehrte Marina Zwetajewa aus Paris nach Moskau zurück. Vater verbrachte jenen Sommer in Tschetscheno-Inguschetien, wo er an den Übersetzungen der einheimischen Dichter arbeitete. Seine zweite Frau Tonja und ihre Tochter Ljalja begleiteten ihn. Von den dramatischen Ereignissen, die sich zu dieser Zeit in Bolschewo, nahe bei Moskau, in der Familie der Zwetajewa zutrugen, wusste er nichts. Dort waren Zwetajewas Tochter und kurz darauf Zwetajewas Mann verhaftet worden.

Die Zeit danach, die Zwetajewa in Golizyno und Moskau verbrachte, ist relativ gut erforscht. Dennoch ist es mir nicht gelungen herauszufinden, wann genau sich Marina Zwetajewa und Arseni Tarkowski das erste Mal begegnet sind. Vorwand für ihr Treffen war selbstverständlich die Dichtung, es ging um Vaters Übersetzung von Kemine, dem »turkmenischen Heine«. Dieses schmale Bändchen mit dem vollständigen Titel *Kemine. Eine Sammlung von Liedern und Gedichten in der Übersetzung von Arseni Tarkowski, mit einer zusätzlichen Auswahl von Volksmärchen* ist am 12. September 1940 in Druck gegangen und vermutlich einen Monat darauf erschienen.

Maria Belkina zitiert in diesem Zusammenhang in ihrer Biografie *Die letzten Jahre der Marina Zwetajewa* einen Briefentwurf Zwetajewas an Vater, den sie sich in ihr Heft vom Oktober 1940 notiert hatte.

Lieber Gen. Tarkowski, [...] Ihre Übersetzung ist ein Schmuckstück. Was können Sie – selbst? Denn für einen anderen können Sie – alles. Finden Sie (lieben Sie) – die Worte, Sie werden sie haben.
Ich werde Sie bald einladen, – am Abend – Gedichte (meine) anzuhören, aus meinem zukünftigen Buch. Deshalb – geben Sie mir Ihre Adresse, damit die Einladung nicht umherirrt – oder herumliegt – wie dieser Brief.
Ich möchte Sie sehr bitten, dieses Briefchen von mir niemandem zu zeigen, ich bin ein einsamer Mensch, und ich schreibe Ihnen – wozu brauchen Sie – andere? (Hände und Augen) und sagen Sie es niemandem, dass Sie hier, in den nächsten Tage meine Gedichte hören – bald wird bei mir ein öffentlicher Abend stattfinden, dann – kommen alle. Aber jetzt – lade ich Sie als Freund ein.
Jedes Manuskript ist schutzlos. Ich bin ganz – Manuskript. M.Z.

Wie Marina Zwetajewa damals der Gedichtband mit Vaters Nachdichtungen in die Hände fiel, ist unklar. Es heißt, Vater habe es ihr über seine gute Bekannte, die Übersetzerin Nina Berner-Jakowlewa, zukommen lassen. Nur warum hatte Zwetajewa nicht versucht, über Berner-Jakowlewa Vaters Adresse oder Telefonnummer herauszufinden? Der Charakter des Briefes zeigt, dass Zwetajewa diesen Brief weniger an einen Fremden, den Literaturübersetzer Arseni Tarkowski, geschrieben hat, sondern an jemanden, den sie kannte oder dem sie zumindest schon einmal begegnet war. Möglicherweise in der Abteilung der Übersetzer des Schriftstellerverbandes oder bei einem der literarischen Abende im Klub der Schriftsteller.

Sicher ist, dass sich Zwetajewa und Tarkowski bei Nina Berner-Jakowlewa begegnet sind, und zwar in der Telegrafny Gasse, wo diese in einer Gemeinschaftswohnung ein einziges Zimmer bewohnte. An dieses Zimmer erinnere ich mich gut, denn ich war mit Mutter, die auch mit Nina Berner-Jakowlewa befreundet war, mehrere Male dort gewesen. Es war, wie damals üblich, in einem »altertümlichen« Grün gehalten. Die Farbe der Wände und der Möbel aus antikem Mahagoni, wie der Schreibtisch, der Diwan und die Vitrine, in der viel altes Glas stand, passten wunderbar zu der rothaarigen Dame, die für ihr Alter sehr attraktiv war.

In ihren Memoiren erinnert sich Nina Berner-Jakowlewa an die Begegnung von Marina Zwetajewa mit Arseni: »Sie trafen sich, stiegen steil nach oben, irrten hin und her. Dichter zu Dichter.« Es war der Beginn einer Freundschaft zwischen zwei Poeten. Nur, dass »Einer« eine Frau war, die für ihr unerschöpfliches Reservoir an Gefühlen bekannt war. Während ihrer Bekanntschaft telefonierten sie miteinander, trafen sich und unternahmen Spaziergänge zu den Lieblingsorten der Zwetajewa. Den Trjochprudny, den Arbat, die Wolchonka. Bis zu jenem Tag, an dem sie sich in der Wartereihe zur Kasse des Litfonds begegneten. Wer Zwetajewa damals genau beobachtete, dem entging nicht, dass sie sich in der Gegenwart von Arseni Tarkowski zu verwandeln begann... Sie trugen einander oder auch vor Bekannten ihre Gedichte vor. Vaters Verhältnis zu Marina Zwetajewa veränderte sich im Laufe der Jahre nicht. Damals bereits ein gestandener Dichter, blieb er immer ihr respektvoller Schüler und betrachtete sie als ältere Freundin und Meisterin. Einmal, als sie irgendwo zu Gast waren, las Vater in Anwesenheit von Marina Zwetajewa sein »Balladen«-Gedicht »Sechs Gedecke aufgetischt«, das sich an innig geliebte Schatten wie den verstorbenen Vater, den Bruder und die Geliebte richtet.

Sechs Gedecke aufgetischt

Sechs Gedecke aufgetischt,
Rosen und Kristall,
Unter meine Gäste mischt
Kummer sich und Qual.

Und mein Vater ist bei mir,
Auch der Bruder mein,
Stunden gehen, bis an der Tür
Jemand klopft: »Herein!«

Wie zwölf Jahre rückgeschaut
Eisig kalt die Hand,
Altehrwürdig raschelt laut
Blauer Seidentand.

Wein klingt aus dem Dunkeln her,
Und das Glas, es singt:
»Ach, wie liebten wir dich sehr,
Jahr um Jahr versinkt.«

Vater hatte das Gedicht am 30. Juli 1940 verfasst, und zwar einige Tage bevor sich der Todestag seiner Angebeteten jährte, jener Frau im »blauen Seidentand«, wie es in einem seiner Gedichte heißt. Sie war – jene SIE, die er »inniger liebte als all' die andern«, wie er zu sagen pflegte. Ihr hatte er an die zwanzig Gedichte gewidmet, darunter auch das berühmte »Erste Begegnungen«.

Im Frühherbst 1941 begannen sich Zwetajewas Gefühle mit dem bitteren Beigeschmack der Nicht-Anteilnahme und der Nicht-Erwiderung seitens Tarkowskis zu mischen, und sie schrieb, gewissermaßen als Antwort, folgendes Gedicht:

…

Ich wiederhole ständig, zwanghaft fast
Und von dem Drang nach Widerspruch besessen:
»Ich hab den Tisch für sechs gedeckt...« Du hast,
Mein Freund, dabei den siebenten vergessen.

…

Vater erreichte es erst Jahre später als »Stimme von jenseits des Grabes«.

Auch wenn die Biografin Maria Belkina beteuert, Marina Zwetajewa habe sich die Gedichte anderer schon beim ersten Zuhören eingeprägt, verhält es sich bei diesem Gedicht anders. Selbst das Motto, das der ersten Strophe aus Vaters Gedicht entstammt, zitiert sie ein wenig anders (statt »Sechs Gedecke aufgetischt« wie bei Tarkowski, heißt es bei ihr »Ich habe den Tisch für sechs gedeckt...«). Auch die »Gäste«, bei Vater sind es der eigene Vater, der Bruder, jene SIE und das folkloristische »Kummer und Qual«, sind bei Zwetajewa andere: »... die beiden Brüder, du daneben / Und deine Frau und deine Eltern noch.«

Zwetajewa hat nicht gehört oder hat nicht hören wollen, dass Vater in seinem Gedicht während des traurigen Abendmahls von seiner verstorbenen Geliebten, jener SIE, besucht wird.

Sonst hätte sich Zwetajewa sicher nicht mit einem Gedicht an ihn gewandt. Es scheint, als ob sie mit diesen seelenvollen Zeilen darauf hoffte, von ihm verstanden zu werden und die einzig Unabkömmliche zu sein. Oder auch, als ob sie ihm vorwirft, nicht empfangen worden zu sein »Warum nur wolltest du an deinem Tisch, / Mein Freund, nicht mich, die siebente empfangen?«

Vater ahnte nicht, dass das Gedicht vom 6. März 1941 das letzte im Leben der Zwetajewa sein würde. Höchstwahrscheinlich bezieht es sich auf jene Begegnung vor dem Litfond, wo sie erkannt hatte, dass Tarkowski ihr aus dem Weg ging. Auch er bedauerte es, dass ihre Freundschaft in die Brüche gegangen war. Sein Gedicht »Für Marina Zwetajewa« hat er mit 16. März 1941 datiert. Das Zwiegespräch schien weiter zu gehen.

April, Mai 1941. Marina Zwetajewa plante, den Sommer mit ihrem Sohn in Starkach zu verbringen. Sie hatte eine Einladung des Dichter und Übersetzers Sergej Scherwinski erhalten. Lew Gornung sollte ebenso anreisen. Er träumte davon, einige Fotografien von Zwetajewa zu machen.

Es kam der Juni. Dann folgten die letzten Monate im Leben der Marina Zwetajewa. Es waren ihre letzten, nunmehr vom Kriegsausbruch überschatteten, schicksalsschweren Momente im Juli und August. In diese Zeit fiel Zwetajewas Evakuierung nach Jelabuga, das von Flüchtlingsströmen überfüllt war.

Immer wieder denke ich darüber nach, was gewesen wäre, wenn Vater zur gleichen Zeit nach Tschistopol, in die Nähe von Jelabuga, evakuiert worden wäre wie Marina Zwetajewa. Dort hätten sie ihr Zwiegespräch wieder aufnehmen können. Doch Vater hatte damals zunächst nur seine Frau und deren Tochter nach Tschistopol gebracht und war selbst erst am 16. Oktober 1941, dem »schrecklichen Tag der Evakuierung Moskaus«, in Begleitung seiner Mutter endgültig nach Tschistopol gereist.

Von Marina Zwetajewas Selbstmord im August 1941 in Jelabuga erfuhr er Anfang September, als er noch in Moskau war und mit anderen Schriftstellern militärisch ausgebildet wurde. Und dann rief nur noch seine Stimme:

…

Ich rufe – sie ruft nicht zurück. Fest schläft sie, Marina.
Jelabuga, Jelabuga, von Lehm ist dieser Friedhof.

…

Die Faschingskostüme

Auf dem fernen Amazonas weilte ich noch nie
R. Kipling

Mutter mochte keine Kinderfeste. Dort drohten uns angeblich Keuchhusten, Masern oder Scharlach. In jenem Vorkriegsjahr wurde Vater Mitglied des Schriftstellerverbandes. Nun durften auch seine Kinder zum Jolka-Fest, dem russischen Tannenbaum-Fest, in den Schriftstellerklub gehen.

Zur Neujahrsmatinee sollte jeder ein Faschingskostüm tragen. Großmutter setzte sich an den Nähtisch und schneiderte aus Stoffresten für Andrej und mich Kostüme.

Andrej ging als Gestiefelter Kater. Er trug ein gestreiftes Kamisol aus Seide, ein Samtbarett mit Straußenfeder und einen langen, über einen Draht gestülpten Pelzschwanz. Ich wurde als Japanerin verkleidet. Großmutter nähte mir einen Kimono. Hierzu verwendete sie einen japanischen Seidenteppich, ein Mitbringsel von Mutters Onkel aus dem Russisch-Japanischen Krieg. Unser Familienfreund Lew Gornung, wir nannten ihn Onkel Ljowa, den das Schneidern der Kostüme neugierig gemacht hatte, bastelte für mich einen Seidenfächer, auf den er eine Chrysantheme tuschte. Weil der ovale Fächer aber auf ein Gestell gespannt war, ließ er sich nicht zusammenklappen.

Dann dauerte es geraume Zeit, bis Onkel Ljowa mein Haar gleich lang geschnitten hatte. Ich musste mich gedulden. Mit fest zusammengekniffenen Augen hörte ich ängstlich dem Scherenklappern über meinem Ohr zu und spürte, wie mir die widerwärtig kitzelnden Härchen auf Nase und Wangen fielen.

Was ist mir von jenem Jolka-Fest im Gedächtnis geblieben? Ich erinnere mich noch dunkel an die schmale Ecke im Vestibül, wo wir uns umgezogen haben, an einzelne Stufen oder an das graue Küken aus Kunstpelz, das ich geschenkt bekam. Besonders deutlich erinnere ich mich noch an die Worte eines

Das bin ich als Japanerin verkleidet.

Andrej zeigt auf der Karte den Amazonas, Januar 1941.

unbekannten Jungen, der auf meinen Fächer deutete: »Eine Japanerin mit Teppichklopfer!« Wie gemein!

Augenblicklich verabscheute ich den unglückseligen Fächer. Einige Tage später musste ich ihn dennoch erneut in die Hand nehmen. Onkel Ljowa wollte uns in unseren Kostümen fotografieren. Die Erwachsenen hatten nicht die geringste Ahnung, welche Qualen ich ausstand, als ich mit meinem »Teppichklopfer« vor dem Fotoapparat posierte. Schließlich habe ich niemandem von diesem Jungen erzählt.

Auch Andrej war auf dem Jolka-Fest nicht in Ruhe gelassen worden. Man neckte ihn und zerrte an seinem Pelzschwanz herum. Und auch jetzt hat er ihn nur mit Widerwillen an sein Kostüm gehakt. Damals waren sich alle einig, Andrej wird später einmal ein Seeräuber, der neue Länder entdeckt – eine Art Kapitäns-Konglomerat aus dem Dichter Nikolai Gumiljow und Rudyard Kipling. So hat ihn auch Onkel Ljowa fotografiert. Andrej mit Federhut steht stolz vor der südlichen Halbkugel und zeigt auf den »fernen Amazonas«.

LIEBE

Ich wollte von Mutter erzählen und habe eine Erzählung geschrieben, in der ich den Versuch unternahm, zwei Auszüge ihrer Briefe an Vater, der an der Front war, zu kommentieren.

Meine Worte kamen mir allerdings plump, hilflos und überflüssig vor. Also habe ich das Notierte durchgestrichen und lasse allein das Datum über den Briefauszügen stehen:

19.7.1942

Unser lieber Vati! Gestern sind wir aus dem Dorf zurückgekommen, wir haben Walderdbeeren mitgebracht: Ein großes Glasgefäß und noch sechs einzelne große Tassen. Natürlich aßen die Kinder den ganzen Tag über von den Beeren im Wald und Brot dazu, auch zum Abendessen im Dorf gab es Beeren. Jedenfalls haben sie an die 20–25 Gläser gesammelt, sind sie nicht wunderbar? Marinka hielt tapfer durch: Achtzehn Kilometer hin, den ganzen Tag im Wald, achtzehn Kilometer zurück. Zwei Nächte übernachteten wir bei einer Art Baba-Jaga*, einer gruseligen Alten, und wäre sie nicht gewesen, wären wir sicher einen Tag länger geblieben.

Ich will dir unbedingt von diesem Tag im Wald schreiben: Wie gut es uns ging, die Kinder zankten kein einziges Mal, waren fleißig, sammelten die kleinen Beeren, dann spielten sie. Marinka richtete auf einem Baumstumpf eine Kantine ein, verkaufte Gerichte aus Walderdbeeren, Abendessen aus Heidelbeeren und lief zum Markt, um Lebensmittel zu besorgen, außerdem turnten die Kinder noch auf den Bäumen herum.

Später liefen wir bis zum Dorf einen schmalen Weg entlang, durch ein riesiges Feld mit zartgrünem Flachs. Myschik hüpfte uns barfuß mit braunen Beinchen und im kurzen blauen Kleid

Mama.

voran, in der linken Hand hielt sie ein Blechgefäß an einer Schnur, das bis zum Rand gefüllt mit Beeren; wie schön es ringsum war, das Rot der Beeren und mittendrin die aufblitzende kleine Blechbüchse inmitten des Grüns. Andrej und ich liefen hinten, wir erfreuten uns am Anblick von unserer Myschik, dem Flachs und dem Blechgefäß mit den Beeren. Da sagte ich zu Andrej, er solle sich diesen Tag mit Myschik gut einprägen und wie sie inmitten des Flachses unter der Abendsonne dahinläuft.

Er hatte es intuitiv verstanden, war zärtlich zu uns und küsste mir die Hände.

Gestern kehrte ich bei Sonnenaufgang zu der Stelle im Wald zurück, wo wir gespielt hatten. Solange die Kinder schliefen, wollte ich noch einige Beeren sammeln und erst dann nach Jurjewez gehen. Über dem Waldsaum lag Stille. Die Stimmen der Kinder waren für immer an dieser Stelle verstummt, auf dem Baumstumpf, wo die »Kantine« gewesen war, lagen kleine Tellerpilze und eine Streichholzschachtel herum. Mir wurde schrecklich traurig zumute und mich überkam Angst. Gestern war es hier noch gemütlich, wie in einem guten Haus, nun wirkte alles feierlich, wie nach einem Begräbnis. Die Beeren ließ ich einfach liegen und lief so schnell ich konnte zu den Kindern – sie waren am Leben, gestorben waren nur der vorige Tag und die Stimmen.

Sicher habe ich mich sehr ungeschickt und unverständlich ausgedrückt. Wie gern würde ich dir alles erklären, weiß aber nicht, ob es mir gelungen ist. Überhaupt, was sollst du im Augenblick mit diesen Zeilen anfangen? Dennoch, lies dir alles durch, und versuch dir vorzustellen, wie es war, präge auch du dir diesen Tag ein. Es war wohl ein besonderer Tag, und mir ist es wichtig, dass du ihn im Gedächtnis behältst.

Assenka, Assik, mein Liebster, wie sehr wir dich manchmal vermissen, wie sehr wir dich alle lieben. Manchmal nennt Andrej Marina, wenn ihn Zärtlichkeit überkommt – Assik. Wie schade, dass du Myschik nicht mit dem Blechgefäß sehen konntest...

30.6.1942

... Assik, mein Lieber, wie gern möchte ich dir einen schönen, zärtlichen Brief schreiben, damit dir gut und fröhlich ums Herz wird, wer ein guter und fröhlicher Mensch ist, hat Glück auf allen Wegen. Wenn es dir schlecht geht, denk an Marinotschka (Andrjuscha ist dir schon viel zu ähnlich, euer Schicksal gleicht sich viel zu sehr), dann geht es dir bestimmt besser. Das werde

ich später auch Andrej sagen. Ich bin so froh, dass Andrej nicht allein ist, und es beruhigt mich, ihn an Marinas Seite zu wissen. Sie liebt ihn so sehr, dass sie ihn vor allem Unheil und Missgeschicken mit ihrer Liebe beschützen wird.

Denk nicht, ich verfiele jetzt in Mystik, damit habe ich mich nie versündigt. Ich denke nur, mit Liebe, und zwar mit wahrer Liebe, erreicht man alles, was man will. Liebe ist, einer Tarnkappe gleich, unfassbar und unbesiegbar.

Diese Zeilen verfasste Mutter, als Andrej knapp neun Jahre alt war. Zu dieser Zeit war sie sich bereits über sein Schicksal im Klaren.

Nur in einem Punkt irrte sich Mutter. Ich konnte Andrej weder mit meiner Liebe beschützen noch retten. Er bedurfte ihrer kaum. Er lebte sein eigenes Leben – flog unmittelbar ins Feuer und verbrannte.

Die Glasaugen

Im Herbst 1943 war ganz Peredelkino wie leergefegt. Die Schriftsteller waren noch nicht in ihre Kolonie zurückgekehrt und das Pionierferienlager des Litfonds, des Literaturfonds, das den Sommer über eine Datscha bezog, hatte seine Tore geschlossen. Mutter war eigentlich als Erzieherin angestellt, fortan sollte sie das Eigentum des Ferienlagers hüten. Doch musste Mutter oft nach Moskau fahren, um Erledigungen zu machen. Damals arbeitete sie als Heimarbeiterin für das Kombinat des Litfonds, strickte Socken und Fäustlinge. Überdies wohnten Großmutter und Andrej dort. Besonders auf Andrej musste man ein Auge haben, damit er nicht in schlechte Gesellschaft geriet. Sie wird ihn wohl zum Frühjahr aus Moskau fortschicken müssen – möglichst weit weg von sündhaften Versuchungen.

Wenn Mutter in Moskau war, bewachte ich die Datscha und das Inventar. Unser Zimmer war klein, hatte aber einen Ofen. Bis heute gelangt man über den gleichen schmalen Seitenflügel mit den drei Stufen in dieses Zimmer.

Rings um die Datscha wogten hohe Bäume, eine Eule rief, und ich war in dem zweistöckigen Haus allein zurückgeblieben. Dazu war mir noch ein gruseliges Buch in die Hände gefallen, mit Dschungellandschaften, Abgründen und Verfolgungsjagden, in dem zur Krönung des Grauens auch noch »das Löwengesicht eines Aussätzigen« auftauchte…

So »hauste« ich, vielmehr fieberte ich Mutters Rückkehr entgegen. Einmal aß ich aus Versehen das sogenannte »Kotelett für morgen« auf. Gleichwohl besuchte ich regelmäßig den Unterricht. Die Schule hatte nur vier Klassenstufen und stand im Dorf hinter dem Brunnen. Im Flur hing auf einem hellblauen Schild eine Hitlerkarikatur – »Der Teufel ist nicht so schwarz

Mama und Papa, 1930. Rechts ist der Teddybär Malaschka zu sehen.

wie man ihn malt.« Hitler sah darauf wirklich derart widerwärtig und trivial aus, dass unklar blieb, wie es überhaupt zu diesen ganzen Kriegswirren kommen konnte.

Der Schuldirektor, ein hochgewachsener, kahlköpfiger Mann, unterrichtete Gesang. Beim Geigespielen setzte er ein ernstes Gesicht auf und zog die Augenbrauen zusammen. Im Chor stimmten wir ein: »Ob ich wohl zum Flüsschen geh-he ...«

Unsere Lehrerin hieß Walentina Petrowna. Um den Hals trug sie einen Pelzkragen, einen zerzausten roten Fuchs mit nur einem Auge. Die Lehrerin hielt mich für wohlhabend. Eines Tages deutete sie hintersinnig an, sie habe bald Geburtstag. Ich hatte nichts, was ich ihr hätte schenken können, außer einem schmalen Haarreif aus Metall. Die Lehrerin nahm den Haarreif entgegen, doch an der Art, wie sie die Lippen zusammenkniff, verstand ich, wie enttäuscht sie war. Das ließ mir keine Ruhe.

Ein Zufall kam mir zu Hilfe. In der Nachbarschaft, in die Datscha der Inberowskis, zog plötzlich eine neue Familie ein. Nicht etwa eine durch den Krieg dezimierte, nein, eine vollzählige – mit Eltern, Kindern, Großmüttern und einem Großvater. Diese Familie übte eine eigenartige Tätigkeit aus. Sie setzte Plüschtieren Glasaugen ein. Im ganzen Haus häuften sich augenlose Katzen, Hunde und Bären. Einige geschickte Handgriffe genügten, und sie konnten sehen. Das erschütterte und verzauberte mich. Fortan blieb die Datscha des Litfonds lange Zeit unbewacht. Ich hing bei den Nachbarn herum. Gutmütig, wie sie waren, gaben sie mir gleich zwei Augen für den Fuchs der Lehrerin mit, falls das alte eine andere Größe haben sollte. Diesen Umständen verdankte der Fuchs sein Augenlicht, und ich musste mir wegen Walentina Petrowna keine Gewissensbisse mehr machen.

Auch meiner Bärin Malaschka wurden neue Augen eingesetzt. Einst hatte Mutter mit ihr gespielt, nie ließ sie das Plüschtier im Stich, selbst als sie an Masern erkrankte. Kaum waren die Masern überstanden, musste Malaschka in die Kochwäsche, wobei sie fast kahl wurde. Und bevor wir auf die Welt kamen, spielten sogar Vater und Mutter mit der Plüschbärin, auf manchen Fotos sind sie alle drei zu sehen. Wann Malaschka ihre Augen verloren hat, vermag ich nicht mehr zu sagen. Die neuen waren jedenfalls viel zu groß und verliehen ihr einen allzu traurigen Gesichtsausdruck. Heute noch sitzt sie in meinem Zimmer auf dem Regal, längst mag keiner mehr mit ihr spielen.

Die Taschenuhr

Besonders deutlich erinnere ich mich noch an die Datscha in Peredelkino. Dort bezog auch der Kindergarten des Schriftstellerverbandes während der Vorkriegsjahre sein Sommerquartier, und auch ich verbrachte hier den letzten Sommer vor dem Krieg.

Jetzt, 1943, steht ganz in der Nähe immer noch – als Erinnerung an jene sorglose Vorkriegszeit, das verglaste Gartenhaus da, der sogenannte »Oktaeder«. Dort war damals der Speisesaal des Kindergartens eingerichtet worden. Manchmal, wenn warme Sommerschauer niedergegangen waren, zogen wir – getragen von den Armen der Erzieherinnen und in Decken eingehüllt – in das Häuschen zum Mittagstisch um...

Inzwischen besuche ich die zweite Klasse der Dorfschule. Im Herbst muss ich den Weg über den Deich einschlagen, im Winter aber geht es querfeldein einen schmalen Pfad entlang, der über einen zugefrorenen Teich direkt zum niedrigen Holzhaus der Schule führt.

Weil ich pünktlich in der Schule sein soll, hat mir Mutter aus Moskau eine Uhr mitgebracht – »Nicht irgendeine, sondern eine feine.« Ehrenwort! Von nun an lag auf dem Tisch vor dem Fenster unserer Kammer eine runde goldene Uhr. Diese Schweizer Taschenuhr gehörte Mutters Stiefvater, dem Arzt Nikolai Petrow, der ihr die Uhr in seinem Testament überschrieben hatte. Die Goldkette, an der die Uhr einst hing, hatte Großmutter noch vor dem Krieg verkauft. Eigentlich wollte der Schauspieler Chenkin die Uhr kaufen, hatte es sich aber später anders überlegt, und so hat die Uhr die schwersten Zeiten wohlbehalten überstanden.

Die Uhr ging sehr genau, man durfte nur nicht versäumen, sie jeden Morgen zur gleichen Stunde aufzuziehen. Ein Uhrglas hatte sie nicht. Deshalb wirkten die schwarzen eleganten Zeiger – der Stundenzeiger mit dem durchbrochenen Zeigerende, das an ein längliches kleines Herz erinnerte, der schmucklose leicht nach unten gebogene Minutenzeiger und der goldene fadendünne Sekundenzeiger – verlockend schutzlos.

Ich liebte es zu beobachten, mit welch kriechender und für das Auge fast unsichtbaren Langsamkeit, sich die großen Zeiger auf dem Zifferblatt fortbewegten, während der leicht bebende Sekundenzeiger schnell und fröhlich davon hüpfte.

Eines Tages war ich wieder einmal in den Anblick der dahineilenden Zeiger versunken und konnte plötzlich nicht mehr der Versuchung widerstehen, den Sekundenzeiger in die Hand zu nehmen. Dieser dünnste aller Zeiger war geradezu gewichtslos und kaum zu spüren. Ein unachtsamer Augenblick und der Zeiger fiel mir aus der Hand und landete auf der Erde; ausgerechnet auf den Dielenboden mit den vielen Spalten. Lange kroch ich auf der Suche nach dem Zeiger auf dem Boden herum, und als mir seine Unauffindbarkeit klar wurde, brach ich in Tränen aus, in ein leises, hoffnungsloses Weinen. Da traf Mutter ein. Als sie mich in Tränen aufgelöst und auf dem Fußboden sitzend vorfand, war sie besorgt. Nachdem sie jedoch den Grund für die Tränen in Erfahrung gebracht hatte, fragte sie mich: »Wann hast du mit dem Weinen begonnen – als du mich gesehen hast oder schon vorher, als der Zeiger verlorengegangen ist?« Ich antwortete ihr, ich hätte schon lange vor ihrer Ankunft mit dem Weinen angefangen. Da gewann Mutter ihre Fassung wieder und begann mich zu beruhigen.

Die Zeit verging. Als der Krieg zu Ende war, lebten wir alle wieder in Moskau. Jetzt zeigte uns ein Wecker mit Eisengehäuse die Uhrzeit an, laut tickend zählte er die Minuten und weckte uns morgens mit seinem grässlichen Rasseln.

Die goldene Uhr war inzwischen im Pfandleihhaus am Arbat gelandet, wo sie mehrere Jahre lang verblieb. Bis auf wenige Augenblicke. Und zwar immer dann, wenn Mutter die Uhr ausgelöst hatte und sich wieder in die lange Reihe der Wartenden begab, um die Uhr erneut zu verpfänden.

Mutter nahm mich mehrmals mit; ich sollte mich an der Schlange in der unteren Etage anstellen, wo es zum Verpfänden ging, sie wollte unterdessen oben die Uhr auslösen. Ich erinnere mich noch an diesen tristen Ort mit dem beißenden Geruch nach Mottenpulver, der mürrischen Menschenreihe vor den Schaltern, dem Klirren der Silberlöffel auf der Waage und dem Hinweisschild an der Wand: »Invaliden des Großen Vaterländischen Krieges und Helden der Sowjetunion werden bevorzugt bedient.« Was wohl die Helden zu verpfänden hatten – etwa die goldenen Sterne von den Schulterklappen?

Oben im Saal, wo man die Pfandsachen auslöste, war die Stimmung schon fröhlicher und die Gesichter der Menschen weniger besorgt, selbst die Gespräche unter den Wartenden waren ein klein wenig lauter. Die jungen Frauen, die vom Schalter weggingen, traten, nachdem sie wieder ihre Ringe und Ohrringe angelegt hatten, selbstbewusst auf die Straße. Sie wirkten fest entschlossen, niemals wieder hierher zurückzukehren, in diese düstere und an Balzac'sche Romane erinnernde Einrichtung.

Dann kamen Zeiten, in denen die Taschenuhr eine Verschnaufpause einlegte. Sie lag, einfach so, in Großmutters Schachtel aus Karelischem Birkenholz.

Nach Mutters Tod gab ich die Taschenuhr an Andrej weiter. Auf einer seiner Italienreisen ließ er sie reparieren. Der Uhr wurden ein Uhrglas und ein Sekundenzeiger eingesetzt.

Mir fiel auf, wie viel Vergnügen es Andrej bereitete, die Uhr zu benutzen. Er drückte das geriffelte Rädchen, damit sich der Sprungdeckel öffnete, warf einen Blick auf das Zifferblatt, und klappte sie wieder zu. Die Uhr brauchte danach eine Weile bis sie sich wieder beruhigt hatte. Innen war für geraume Zeit das leichte Klirren der Federn zu hören.

Andrej trug die Uhr in seiner Brusttasche. Anscheinend fand er es angenehm, dass Mutters Uhr irgendwo nahe an seinem

Herzen tickte. Nur für kurze Zeit erwies die Uhr ihm ihre guten Dienste. Heute gehört die Taschenuhr seinem Sohn Andrjuscha. So findet die Geschichte der Taschenuhr eine Fortsetzung.

Fortsetzung der Episode

Von Vaters Fronturlaub erzählt Andrej in einer kurzen Episode in seinem Film *Der Spiegel*. Das muss Anfang Oktober 1943 gewesen sein, zwei Monate vor Vaters Verwundung. Heute kommt es mir so vor, als sei Vater am 3. Oktober, meinem neunten Geburtstag, zu uns nach Peredelkino gekommen. Sicher war Mutter wegen meines Geburtstages gerade dabei, den Fußboden zu wischen, und hatte uns, Andrej und mich, damit wir nicht störten, aus dem Haus geschickt. Sie hatte mir aufgetragen, Tannenzweige zu brechen und sie vor die Türschwelle zu legen, damit wir uns die Schuhe abtreten konnten. Vorsichtig brach ich die stacheligen Zweige. Unvermittelt hob ich meinen Kopf und erblickte in der Nähe des grünen kleinen Holzschuppens einen stattlichen Mann in Uniform, der in meine Richtung sah. Ich war überhaupt nicht darauf gefasst, Vater zu sehen und erkannte ihn nicht. Plötzlich rief er: »Marina!« Da stürmte ich ihm entgegen. Ob Andrej neben mir lief, ist mir entfallen. Im Szenario *Der Spiegel* heißt es, auch er sei gerannt: »Ich lief aus Leibeskräften, dann zerriss etwas in meiner Brust, ich stolperte und wäre beinahe gestürzt...«

Gemeinsam mit Vater gingen wir nach Hause. Nach den ersten freudigen, wirren Minuten begann er uns über unser Leben, die Schule, über Großmutter auszufragen. Vater schnürte den Rucksack auf und förderte – kommentierend – seine Mitbringsel zu Tage: »Das Schweinefleisch in der Dose hier kommt aus Amerika, und das hier ist Soldatenzwieback, den essen wir jeden Tag in der Armee.« Für uns war das alles ein Luxus ohnegleichen, aßen wir doch Fladen aus Eicheln, gebraten in Lebertran – ein Gericht, das Mutter erfunden hatte.

Vater erzählte, wie man ihm unterwegs den deutschen Dolch gestohlen hatte, den er Andrej schenken wollte. Von Brjansk aus

Vater an der Front, Sommer 1942.

war Vater zunächst mit dem Zug gefahren, später im beheizten Güterwagen. Dort schlug ihm ein Reisegefährte vor, die Dolche zu tauschen, doch Vater lehnte ab. Sie legten sich schlafen, aber am Morgen waren sowohl der Reisegefährte als auch der Dolch verschwunden. Wie schade, denn noch in Jurjewez hatte Andrej einen Brief von Vater erhalten, in dem er ihm versprach, diesen Dolch mitzubringen. Lange hielt unsere Enttäuschung nicht an, wir gingen zu Vaters Orden und Schulterklappen über. Wir begannen die Sterne zu zählen und kamen auf vier, demnach war unser Vater Hauptmann.

Die ganze Zeit über hatte Mutter sich im Hintergrund gehalten, auch für sie war es ein Festtag. Wenngleich aus ihrem Gesicht nicht der Ausdruck einer bitteren, leicht spöttischen Distanz gewichen war – »Ja, was für ein Glück, dass Arseni uns besucht, die Kinder freuen sich, immerhin ist er ihr Vater – aber nicht mehr mein Mann.«

Vater musste wieder nach Moskau aufbrechen und wollte mich mitnehmen. Mich allein, ohne Andrej. Es war schrecklich. Warum überredete Mutter ihn nicht dazu, uns beide mitzunehmen?

Die Dämmerung brach an, als wir auf dem Weg zum Bahnhof waren. Vater trug mich auf den Armen, Andrej hielt sich hinter uns. Über Vaters Schultern hinweg konnte ich sehen, wie sich sein Gesicht unter Tränen verzog. Sonst weinte er nie. Ich weinte ebenso leise vor mich hin, weil er zurückblieb, traute mich aber nicht, Vater darum zu bitten, auch ihn mitzunehmen.

Die Matinee

Gegen Kriegsende besuchten Andrej und ich wiederholt die Kinder-Matineen des Schriftstellerverbandes. In den Einladungskarten hieß es: »Lieber Andrej (oder liebe Marina), wir laden Dich ein...« Anscheinend waren Schriftsteller damals eine Seltenheit. Eine noch größere Seltenheit müssen welche mit Kindern gewesen sein, denn man sprach uns mit unseren Namen an und nicht mit »Lieber Freund«, wie später die Kinder der zahllosen anderen Schriftsteller. Ich gebe zu, es war angenehm und erstaunlich zugleich: Woher kannte man nur im Litfond meinen Namen?

Vor dem Krieg nahm uns Mutter ungern zu Veranstaltungen dieser Art mit, weil sie sich vor Infektionskrankheiten fürchtete. Jetzt ließ sie uns gehen, denn die Einladungskarten versprachen eine zusätzliche Bewirtung.

Dieses Mal bekam jeder ein Wurstbrot und zum Zeichen, dass wir es tatsächlich erhalten hatten, versah man die Einladungskarten mit einem Bleistifthäkchen.

Unverzüglich verschlangen wir die belegten Brote. Dann drückten wir uns gelangweilt an der Wand herum und warteten auf den Beginn des Konzerts. Plötzlich tauchte unser Pionierlagerfreund Jassik Schtejnberg auf. Er schnappte sich unsere Eintrittskarten, zog einen Radiergummi aus seiner Hosentasche, radierte die Häkchen weg und stellte uns erneut in die Wartereihe. So kamen wir zu einem zweiten Wurstbrot.

Endlich begann die Vorstellung. Ein Magier zauberte aus einem glänzenden Zylinder endlos viele bunte Tücher hervor. Ein fröhlicher Jongleur wirbelte Keulen durch die Luft. Eine beleibte Sängerin sang mit unter der Brust verschränkten Armen eine Romanze über den Frühling, obgleich es eine Neujahrsmatinee war und draußen der Frost klirrte.

Das bin ich gegen Ende des Krieges.

Danach erschien ein namhafter Kinderschriftsteller auf der Bühne. Er erzählte von der Heldentat eines Kriegspiloten. Ganz allein in seinem rotsternigen Jagdflieger war er einer faschistischen Fliegerstaffel aus stumpfnasigen »Messerschmitts« entgegengeflogen, die unsere Stadt bombardieren wollte. Er kam mehr und mehr in Fahrt. Mit seiner ausgestreckten Handfläche demonstrierte er, wie der flinke »Falke« den Feuerstößen entkam. Irgendwie schämte man sich, ihm zuzuhören und wünschte sich, die Sache nähme bald ein Ende. Es schien ungerecht, dass die Einen kämpften, während die Anderen nur von den Heldentaten erzählten.

Rasschibalka und Fußball

Andrej war nicht einer von diesen ruhigen, kränklichen und intellektuellen Jungen, die in der Schule oder auf dem Hof herumgeschubst wurden. Aber ein intelligenter Junge, das war er. Andrej las viel, hatte vor dem Krieg Musik- und Zeichenunterricht genommen. Ein ruhiges Kind war er hingegen nicht. Andrej war ein Wildfang aus Streichen und Flausen, ein Quecksilber aus Trällern und Tarzangebrüll, ein Draufgänger, wenn er über die Dächer kletterte und die gefährlichsten Hänge mit den Skiern hinabsauste.

Den Großteil seiner Freizeit verbrachte er auf der Straße. Zurück aus der Schule, sofern er diese nicht geschwänzt hatte und statt dessen im Kino saß, feuerte er die Schultasche in die Ecke, aß einen Happen und dann – ab nach draußen.

Andrej liebte es, die verschiedensten Spiele zu spielen: Schach, Domino, Karten oder Noshitschki, ein Messerspiel, bei dem man mit dem Messer einen im Sand aufgezeichneten Kreis treffen musste, Pristonotschki, ein Münzspiel, bei dem man Münzen an eine Mauer werfen musste, oder Shostotschka, wo man, solange wie möglich, ein Stück Metall mit dem Fuß in die Luft kicken musste. Besonders liebte er die diversen Versteck-, Hasche- oder Kriegsspiele – alles Spiele, für die er dann 1944 zu erwachsen war.

Gewöhnlich begann im Frühjahr eine neue Saison. Dann erfasste alle Höfe eine neue Modewelle. War zum Beispiel Shostotschka in Mode gekommen, streiften alle Jungen durch die Gegend und suchten nach Münzen oder runden Metallstückchen, die ein bestimmtes Gewicht hatten. Diese mussten wie ein russisches Trüffel-Praliné verpackt werden (ein Vergleich, den ich erst heute ziehen kann, damals kannten wir ein derartiges Praliné nicht). Aber statt in Papier, wurden sie in einen Lappen

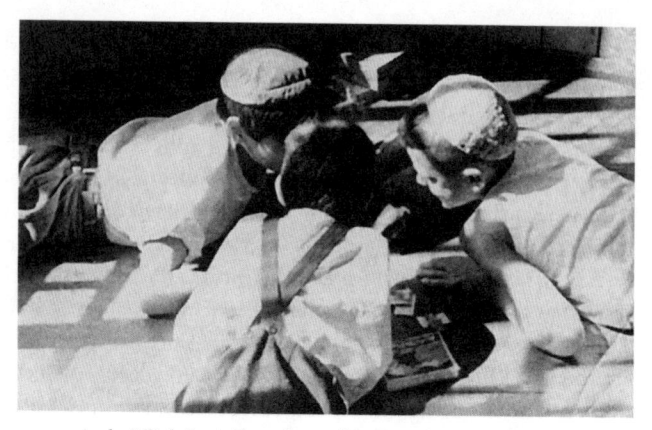

Andrej (links) mit Freunden auf der Datscha in Peredelkino.

eingehüllt und mit einer Drehung eingewickelt. Anschließend wurden sie geschickt mit dem Fuß in die Luft gekickt.

Der Saisonhit in den Höfen der Nachkriegszeit war allerdings Rasschibalka – auch ein Münzspiel. Voller Enthusiasmus stürzte sich Andrej in das Spiel. Sein Spieleifer machte ihn blind für alles andere um ihn herum. Beim Rasschibalka-Spiel brachte er es zur Perfektion. Hochrot und strubbelig kam er nach Hause. In seinen Hosentaschen klimperten die Münzen, die er beim Spielen gewonnen hatte; triumphierend holte er sie aus den Taschen hervor und gab sie Großmutter Wera. Sie ging davon Brot kaufen, bevor Mutter heimkam.

Mit ebenso großem Eifer spielte Andrej Fußball. Und das, egal womit, ob mit einem Stoffball oder einer Konservendose. Auf das Schuhwerk nahm er dabei keine Rücksicht. Wenn schon spielen, dann richtig. Später, als die Gummibälle aufkamen, wurde das Spiel raffinierter. Von da an wurde auch mit Torwart gespielt. Andrej stand oft zwischen zwei Schultaschen, Mänteln oder Ziegelsteinen und stürzte sich wagemutig auf den Ball.

Sein Mitschüler, der spätere Dichter Andrej Wosnessenski (wir waren Nachbarskinder) beobachtete einmal, wie sich mein Bruder im weißen Pulli auf einen dreckverklebten Ball warf. Wosnessenski versetzte Andrejs Eifer und seine Bereitschaft, das Weiß des Pullis für das Spiel zu opfern, in großes Erstaunen. Später schrieb er das Gedicht »Der weiße Pullover«. Ich bin ihm sehr dankbar dafür. Er hat es mit viel Liebe nach Andrej Tarkowskis unerwartet frühem Ableben verfasst. Im Gedicht geht es um das zeitloses Thema: der Dichter und der Räuber, oder der Künstler und der Pöbel. Dem Autor war diese Idee äußerst wichtig, deshalb hat er auch das Bild von dem kranken Jugendlichen entwickelt, der von einem Flegel mit dem Ball attackiert wird. Ich weiß noch genau, Andrej ließ sich nie etwas gefallen. Er hatte ein stark entwickeltes Ehrgefühl und Angstgefühle waren ihm vollkommen fremd.

ABRAMZEWO

Warum ich Abramzewo* liebe? Nicht das heutige, für Touristen hergerichtete Museums-Anwesen. Ich meine jenes Nachkriegs-Abramzewo, als der nächst gelegene Bahnhof noch »Siebenundfünfzigster Kilometer« hieß und an die Holztreppe und die kleine Brücke über der Schlucht noch nicht zu denken war. Damals gingen wir durch einen dämmrigen Tannenwald, stiegen eine tiefe Schlucht hinab und gelangten auf einen Pfad, der zum gegenüberliegenden Hang hinaufführte. Oben angekommen waren wir meist außer Atem, denn aus Moskau reisten wir in der Regel mit schweren Bündeln und Taschen an.

Wir – das waren Mutter, Andrej und ich. Wir mieteten eine Datscha im Dorf Mutowki, das fünf Kilometer, etwa eine Stunde Fußmarsch, vom Bahnhof entfernt lag. Zuerst kam der Viehstall, unser Orientierungspunkt, dann das Landhaus. In Wahrheit hielt man im Kolchos von Mutowki längst kein Vieh mehr. Dafür besaßen die Einwohner Kühe, folglich hatten wir Milch zum Trinken. Milch und dunkles Brot. Kindheit, Glück …

In Mutowki gab es zwei besonders malerische Orte: den Fluss Worja und das Anwesen von Abramzewo. Ich irre mich keinesfalls in der Hierarchie; der schmale, sich windende Fluss stand bei uns an erster Stelle. Wir badeten den ganzen Tag lang bei strahlender Sonne in einem Teich, bis dieser in der Dämmerung, wenn der Nebel über die kleinen Sümpfe am Fluss kroch und die wilden Johannisbeersträucher und die Brennnesseln allmählich ihren starken Duft verströmten, etwas Dunkles und Geheimnisvolles annahm.

Meine Badefreude wurde schnell getrübt, nachdem Andrej mich ins Wasser geworfen hatte. Das war die zu jener Zeit die übliche Methode, einem das Schwimmen beizubringen. Ihm fiel das auch überhaupt nicht schwer, denn ich war klein und derartig dünn, dass ich in jenem Sommer mit »Leiden Christi« gehänselt wurde. Ehrlich gesagt, das Schwimmen erlernte ich damals nicht, dafür fürchtete ich mich noch lange Zeit vor dem Wasser.

An diesem unglückseligen Tümpel gab es einen kleinen Sandstrand, wo die schöne Walja B. mit ihren langen Beinen ein Sonnenbad nahm; sie verbrachte jeden Sommer bei ihrer Großmutter auf dem Dorf. Natürlich verliebte sich Andrej in Walja, er musste sich immer in die hübschesten Mädchen verlieben. »Der Badeanzug schwarz und gelb der Sand«, hieß die erste Zeile in dem Gedicht, das Andrej ihr widmete und das er nie zu Ende schrieb.

Der Weg von der Bahnstation zum Dorf Mutowki führte durch das Anwesen von Abramzewo, wo es weder Zäune noch Wächter gab. Die Alleen, die Kirche und die kleine Brücke waren unsere alltäglichen Wegzeichen und konnten sich unserer Begeisterung gewiss sein.

«Abramzewo ist eine russische Idee«, heißt es bei dem russischen Religionsphilosophen Pawel Florenski. Sicher erfasste Andrej damals kaum die Tragweite dieser Idee, die von den Slawophilen* um Sergej Aksakow, der das Anwesen Abramzewo um 1843 erworben hatte, dem Troiza-Sergej Mönchskloster und den Kreis um Mamontow, einem russischen Industriellen und Mäzen, ausgegangen war. Die zerstörten Kreuze vor der Kapelle und die Schmierereien, die die Passanten in der Kirche (gebaut nach Entwürfen des Malers Wiktor Wasnezow) hinterlassen hatten, waren dieser Idee ebenso wenig förderlich. Aber Andrej hatte ein Gespür für den Charme des alten Hauses mit der großzügigen Veranda, für den zugewachsenen Teich, die wacklige Holzbrücke oder auch für den schönen geschnitzten Schrank. Der Besitzer der Datscha, der im Krieg gefallen war, hatte dieses Möbelstück angefertigt.

Es kann kein Zufall sein, dass Andrej in Abramzewo von seiner Leidenschaft für die Malerei erfasst wurde. Unsere Wirtin hatte ihm eine Staffelei geschenkt, die von einem der Sommerfrischler vergessen worden war, und der Mann von Mutters Freundin, der Maler Terpsichorow, Onkel Kolja, vermachte ihm den Rest: eine Malpalette, ein kleines Stückchen Leinwand und halbleere Tuben mit Ölfarbe.

Was für wunderbare Namen – *Pariser Blau*, *Marsschwarz*, *Siena natur*, *Zinnoberrot* oder *Moosgrün*! Die Farbtuben waren bleigrau, zur Hälfte geleert und zerquetscht. Daraus drückte Andrej Stück für Stück die kostbare Farbe heraus. Auf der Palette ordnete Andrej die Farben nicht etwa willkürlich an, sondern nach System, von den warmen zu den kalten.

Ich hatte die Erlaubnis, bei dieser Tätigkeit zugegen zu sein, und es schien, als gäbe es auf der ganzen Welt nichts schöneres als jene Palette, auf der sich alle noch nicht gemalten Bilder und Stillleben vermischten.

Fortan saß Andrej stundenlang vor der Staffelei, malte die Tannen, das Schilf und den Sonnenuntergang. Dann kam er auf die fixe Idee, eine Nachtlandschaft – das Dorf bei Nacht – zu malen. In der Dämmerung verließ er das Haus und kehrte erst gegen Morgen wieder, wenn ich noch fest schlief.

Onkel Kolja, der gern scherzte, gab Andrej den Spitznamen Van Gogh.

Taiga-Erzählung

Andrejs Abschied von der Moskauer Hochschule für Orientalistik, wo er ein halbes Jahr nach seinem Schulabschluss im Jahre 1951 studiert hatte, gestaltete sich damals kurz und für ihn offenbar auch schmerzlos. Anfangs war alles gut gegangen, Andrej traf sich mit Freunden, den Stiljagas*, und solchen, die nicht dazu gehörten, schlenderte die Serpuchowka und den »Broadway«, die Gorki-Straße, entlang und machte Mädchen den Hof. Allein in die Hochschule wollte er nicht gehen, deshalb gab er mir den Auftrag, mit einem »Laufzettel« am Institut, in der Kanzlei oder in der Bibliothek vorbeizugehen.

Im tiefsten Innern jedoch war Andrej ratlos und hatte nicht die leiseste Ahnung, wie sich sein weiterer Lebensweg gestalten sollte. Auch Mutter sorgte sich, Andrejs Zukunft schien, ihrer Ansicht nach, in Gefahr zu sein. Vor allem aber fand sie die Stiljaga-Bewegung äußerst abgeschmackt (erst heute setzen wir diese dem sozialen Protest gleich) und fürchtete, der Müßiggang könne Andrej zugrunde richten. Mutter suchte nach einer Möglichkeit, ihn aus Moskau wegzulocken, irgendwo unterzubringen, und ihn der »Müßiggänger«-Clique abspenstig zu machen. Sie entfaltete ungeahnte Aktivitäten und traf mit Bekannten die Vereinbarung, dass Andrej sich einer geologischen Forschungsgruppe anschließen dürfe, die nach Ost-Sibirien reiste. Ausgerechnet in jene Gegend, in die der einen Monat zuvor gestorbene Stalin einst verbannt worden war.

Am 18. April 1953 wurde Andrej als Gesteinsprobensammler der Ljumakansker-Gruppe eingestellt. Die Turuchansker Forschungsreise wurde von dem Wissenschaftlichen Bergbauinstitut (NIGRI) durchgeführt, das unter dem Namen NIGRI-Gold bekannt war. Die Expedition brach Ende Mai auf. Im übrigen wurde seinerzeit verschwiegen, dass in der Region um Turuchansk Diamanten gesucht werden sollten. (Zwei Jahre später wurden Diamanten in Jakutien entdeckt).

Folgende Notiz schrieb Mutter in ihr Tagebuch:

19. Mai. Andrej fährt am Montag ab. Sicher ist das keine Lösung, aber immerhin. Er ist wütend, attackiert mich mit Schimpfworten, ist grob, ich jedoch bin alleinstehend ... Man bräuchte einfach eine gute Familie mit einem Mann als Oberhaupt und alles würde sich in Wohlgefallen auflösen.

2. Juni. Am 26. Mai ist Andrej abgefahren. Ich kann mich gar nicht genug darüber freuen, dass er sich nicht mehr an der verdreckten Serpuchowka herumtreibt. Und dort? Einstweilen fährt er den Jenissei entlang, was nur gut sein kann.

Ja, so war es. Morgens, am 26. Mai 1953, fuhren Mutter und ich los, um Andrej zum Kasansker Bahnhof zu begleiten. Er hatte einen Koffer, einen Rucksack und die Staffelei mit Palette und Farben bei sich. Wir nahmen für den ganzen Sommer Abschied voneinander, noch nie waren wir für so lange Zeit voneinander getrennt. Auch an Briefe war nicht zu denken, denn die Gruppe sollte drei Monate in der Taiga, in der Region um den Fluss Kurejka, verbringen.

Im Spätherbst kehrte Andrej zurück, ohne uns zuvor durch einen Brief oder ein Telegramm Nachricht zu geben. Als er wieder bei uns auftauchte, trug er eine von Lagerfeuerfunken zerlöcherte Wattejacke, hatte elend langes Haar und einen entsetzlich schweren Koffer, der zum Bersten voll war mit Gesteinsproben, die er für sich gesammelt hatte.

Natürlich gab mein Bruder über seine Expedition diese oder jene lakonische Erzählung zum Besten. Anderes verschwieg er wiederum gänzlich. So manches Detail jenes Sommers wäre für mich im Dunkeln geblieben, hätte ich nicht 1991 einen Brief von Olga Timofejewna Gantschina erhalten, die ebenfalls an dieser Expedition teilgenommen hatte. Aus ihren Tagebüchern

Marina, 1953.

Andrej als Stiljaga, 1953.

und Erinnerungen erfuhr ich, wie Andrej jenen »kalten Sommer« erlebt hatte. In seinen Erzählungen war er nicht auf die Einzelheiten der beschwerlichen Wanderungen durch die Taiga eingegangen; weder auf die vielen zurückgelegten Kilometer entlang des Azimuts durch die Sümpfe – durch Sturm und Regen, bisweilen ohne Nahrung und Brot – noch auf das schwelende Feuer, auf das ihre kleine Gruppe einmal gestoßen war. Vielleicht hatten sich dort kurz zuvor noch entlaufene Kriminelle aufgewärmt. Er hatte auch nicht die Häftlinge erwähnt, die von dem damaligen Innen- und Staatssicherheitsministers Lawrenti Berija amnestiert worden waren und die mit gekaperten Dampfschiffen den Jenissei Richtung Krasnojarsk hinauffuhren. Desgleichen verschwieg er uns, wie er für seine Reisegefährtin, die Geodäsie-Praktikantin Olga Gantschina, unterwegs zu einem verlässlichen Freund geworden war und dass er nach seiner Rückkehr in Moskau voller Ungeduld auf ihre Anrufe wartete. Erst recht verlor er kein Wort über sein Heimweh.

Andrejs liebste Taiga-Erzählung war eine Geschichte über einen mysteriösen Vorfall. Einmal war Andrej in der tiefen Taiga ganz allein. Unerwartet kam starker Wind auf, ein Gewitter brach los. Er band das Pferd an einem Baum fest und suchte selbst Unterschlupf in einer Jägerhütte. In einer Ecke lag Heu. Dort harrte er aus, den Rucksack unter den Kopf geschoben. Draußen indessen tobte das Unwetter, der Wind heulte, Regenschauer überschütteten die Hütte, es blitzte, es donnerte ... Andrej, der völlig erschöpft war, schlummerte ein. Da hörte er plötzlich eine Stimme: »Geh fort von hier!« Ihm wurde seltsam zumute, dennoch blieb er liegen. Einige Zeit später war die mysteriöse Stimme erneut zu hören: »Geh fort von hier!« Andrej rührte sich nicht vom Fleck. Als die Stimme das dritte Mal rief, »Zum letzten Mal sage ich dir, geh fort von hier!«, schnappte er seinen Rucksack und rannte aus der Hütte in den strömenden Regen hinaus. In diesem Augenblick stürzte eine gewaltige hundertjährige Lärche, die von einer Windböe erfasst worden war und einem Streichholz gleich umknickte, der Länge nach auf die Hütte. Genau dorthin, wo Andrej vorher gelegen hatte. Er sprang auf das Pferd und ritt von diesem schrecklichen Ort davon.

Mein Bruder liebte es, diese Geschichte zu erzählen. Mir war schon beim ersten Mal klar, dass er sie erfunden hatte. Dazu kannte ich ihn viel zu gut.

Von diesem Vorfall erzählte er vielen Freunden. Das letzte Mal hörte ich diese Geschichte im Sommer 1956 am Ufer der Oka, morgens nach einer schlaflosen Nacht am Lagerfeuer. Ich hatte es längst aufgegeben mit Andrej zu streiten, mochte er ruhig die Gunst der Stunde nutzen und sich an seiner mysteriösen Geschichte ergötzen.

Kürzlich stieß ich sogar auf einen Artikel, den ein Schulfreund Andrejs verfasst hat. Er ist jetzt als Journalist und Publizist tätig und befasst sich insbesondere mit mysteriösen Begebenheiten im Leben Tarkowskis. In seinem Artikel geht er auch auf den Vorfall in der Taiga ein. Selbstverständlich habe ich auch Olga Gantschina befragt, ob an dieser Sache etwas dran sein kann. »Natürlich nicht. Denn wir waren auf den Wanderungen niemals allein. Außerdem hatte uns diese Geschichte ein Geologe erzählt, der sich 1953 im Gebiet um den Kurejka Fluss aufhielt. Damals kam es mir eher vor, als phantasiere dieser Geologe sich etwas zusammen.«

Andrej war kein Lügner. Er konnte, wie Mutter zu sagen pflegte, »manchmal etwas von der Wahrheit abweichen«, gewissermaßen etwas mit Stillschweigen übergehen. Er wusste, Mutter konnte keine Lügen ausstehen, darin waren sich beide sehr ähnlich.

Warum wünschte er sich so sehr, man möge seine Taiga-Erzählung für wahr halten? Mir scheint, er hatte eine große Vorliebe für alles Geheimnisvolle und Unerklärliche. Irgendwann schien er selbst an die Echtheit dieses Vorfalls zu glauben.

Seine Phantasie erlaubte es ihm, den Erzählungen immer neue Details hinzuzufügen. Er sah sich in der Tat selbst in dieser Hütte liegen, die vom Blitzlicht erhellt wurde, und hörte mit eigenen Ohren das Heranrollen des Donners, das Heulen des Windes und die geheimnisvolle Warnung.

Damals, in den fünfziger Jahren, machte ich mich über meinen Bruder lustig, auch wenn mir beim Zuhören jedes Mal Schauer über den Rücken liefen. Andrej erzählte diese Geschichte mit leiser Stimme und sah mir dabei tief in die Augen … Heute ist mir bewusst, dass das Erzählen für ihn ein lebendiger, schöpferischer Akt war.

Die Taiga-Zeichnungen von Andrej sind bedauerlicherweise verloren gegangen; er hatte sie damals im Sommer 1953 nicht nur für sich selbst, sondern auch für die Geologen angefertigt. Auf der Suche nach seinem Album rief ich im Archiv des Gold-Instituts an. Auch dort blieb es unauffindbar. Wohin mag das Album verschwunden sein? Auch das ist eine mysteriöse und nicht bis ins Letzte geklärte Geschichte.

ÜBER SCHUHE

Schuhe oder Schühlein sind laut Dahls *Erklärendem Wörterbuch der lebenden russischen Sprache*: »Bekleidung für die Füße«. Bei Shakespeare und in manchen Märchen sind sie eine Zeiteinheit: »Sie hatte es noch nicht geschafft, ihre Schuhe zu zertanzen« oder »Drei Paar Schuhe hatte sie durchgetanzt.« Für mich dagegen sind sie gewissermaßen eine Erinnerungseinheit.

Wie viel Paar Schuhe habe ich eigentlich in meiner Kindheit durchgelaufen? Sie ließen sich wohl an den Fingern abzählen. Überhaupt, ich will lieber nicht an jene Schuhe mit den strubbeligen Schnürsenkeln denken oder an die unbedingt schwarzen und mir immer verhassten Turnschuhe, die ebenfalls zum Schnüren waren und mir ebenso zuwider waren oder an jene Sandalen, die ewig voller Sand waren und deren »rubbelnde« Riemchen auf den braungebrannten »aufgesprungenen« Füßen weiße Druckspuren hinterließen. An Schuhe, die »dem Fuß schmeicheln«, wie sie meines Wissens Tolstoi erwähnt, kann ich mich wirklich nicht erinnern.

Einmal kam uns Vater, einen Karton unter dem Arm, in der Stschipowski Gasse besuchen. Es war September, die Schule hatte gerade wieder angefangen. Ich saß zu Hause am Schreibtisch und war im Begriff, besessen von guten Vorsätzen, den Stundenplan abzuschreiben.

Vater trat ein, gab mir einen Kuss und hüllte mich in den vertrauten Geruch nach Lavendel und goldgelbem Tabak ein. Er setzte sich, stellte seine Krücke in die Ecke und begann die Schnur zu lösen, mit dem der Schuhkarton zugeschnürt war und der augenscheinlich nicht »uns« gehörte.

Im Karton lagen Schuhe. Ein Zwillingspaar, eingehüllt in weißes Papier. Sie waren für mich. Vater nahm sie heraus und wickelte sie aus. Sie waren zauberhaft, gänzlich aus blauem

Leder mit ebenso blauen, umgeschlagenen Languettes aus Wildleder. Die Sohle glatt, die Absätze flach. (Warum sollte ein zwölfjähriges Mädchen auch hohe Absätze tragen?)

Wir stellten die Schuhe auf mein Bett. Vater erzählte, sie seien in der Tschechoslowakei angefertigt worden, in der europaweit bekannten Schuhfabrik Bata. Diese gehörte Bata längst nicht mehr, stellte jedoch weiterhin sehr gute Schuhe her.

«Jetzt probier sie mal an«, sagte Vater.

Ich breitete auf dem Fußboden eine Zeitung aus und versuchte, den rechten Schuh über den braunen gerippten Baumwollstrumpf mit Gummibündchen zu ziehen. Der Schuh war zu klein.

«Zu klein, der Zeh drückt!«

«Drückt es sehr?«

«Ja, sehr sogar.«

«Probier mal den anderen«, sagte Vater in Panik.

«Der ist auch zu klein.«

«Bestimmt hast du zu dicke Strümpfe an«, Vater hoffte noch auf ein Wunder. Ich streifte die Strümpfe ab und versuchte, die Schuhe mit nackten Füßen anzuziehen.

«Sie drücken immer noch sehr.«

«Wie kann das sein, du trägst doch die Größe vierunddreißig?«

«Ja, aber über den Sommer sind die Füße wahrscheinlich gewachsen.«

«Gut«, gab Vater sich geschlagen, »belassen wir es dabei, morgen gehst du mit Mutter in das Danilowski-Kaufhaus und tauschst sie in größere um. Marussja!« rief Vater nach meiner Mutter.

Als wir am nächsten Tag in das Kaufhaus kamen, waren diese Schuhe nicht mehr im Angebot. Es gab nur noch andere Schuhe, auch tschechische, aber sie waren gelbbraun und erinnerten, weil sie ein Muster aus eingestanzten Löchern hatten und aus Glattleder waren, eher an Halbschuhe für Männer. Sie rochen zwar wunderbar nach Leder und hatten seidige Schnürsenkel, an denen lederne Quasten baumelten, aber ich trug sie nur ungern.

Nunmehr lasse ich einige »schuhlose« Jahre aus und erinnere mich, wie ich zu meinen Lieblingssandaletten kam. Das war im Herbst 1953. Andrej und ich laufen unsere Straße entlang und bleiben von Zeit zu Zeit stehen, weil Andrej unterwegs Freunde begrüßt. Er ist kräftig und braungebrannt. Es war die Zeit, als er gerade aus der Taiga in der Gegend um den Jenissei zurückgekehrt war. Jetzt macht er schon wieder einen zivilisierten Eindruck, er hat sich das Haar im Metropol schneiden lassen und trägt das Jackett mit den breiten Schultern. Überhaupt hat er sich stark verändert, ist sanfter und zärtlicher geworden, er hatte offenbar großes Heimweh.

Und ich erst, wie sehr hatte ich mich den Sommer über nach ihm gesehnt! Ich laufe, nur weil ich an seiner Seite sein darf, vor lauter Stolz und Glück wie auf Wolken. Andrej führt mich in das Kaufhaus auf dem Serpuchowskaja-Platz und will mir von dem Geld, das er auf der Expedition verdient hat, etwas kaufen.

Unterwegs erzählt er mir vom Fluss Kurejka, von der Route durch die Taiga, vom Sturm auf dem Jenissei, von seinem über Bord gespülten Rucksack und von den amnestierten Sträflingen, die Dampfer kaperten und unter schwarzer Flagge bis nach Krasnojarsk fuhren.

»Ich habe trotzdem beschlossen, an die Filmhochschule WGIK*, an die Fakultät für Regie zu gehen«, sagt er, unvermittelt das Thema wechselnd.

Im Kaufhaus erwerben wir schwarze Wildledersandaletten mit einem breiten Riemen. Ich hatte Gelegenheit, sie noch in jenem Herbst, an dem es einige trockene und sonnige Tage gab, einzuweihen.

Endlich kommt Mutter aus Solnetschnogorsk zurück, wo sie ihren Bruder besucht hat. Wolodja und seine Frau Natascha sind erst vor kurzem aus Deutschland zurückgekehrt, wo sie einige Jahren gearbeitet hatten.

Ich nehme Mutter die Tasche ab und sehe, dass sie statt der alten Schuhe mit sogenannter »Feinporen«-Gummisohle wunderschöne Schnürstiefel mit Fell trägt. »Mama! Die sind klasse!«

Mutter versucht zu lächeln, aber ihr Lächeln wirkt allzu munter, ein Zeichen, dass etwas nicht stimmt. Sie legt den Mantel ab, nimmt auf dem Stuhl Platz und beeilt sich, die Schnürsenkel zu öffnen. Sie reibt sich lange, die Stirn in Falten gelegt, die Zehen und die Fußsohlen.

»Die hat mir Natascha geschenkt. ›Probieren Sie die mal an‹, sagt sie zu mir, ›die hatte ich mir gekauft, aber ich habe noch welche‹.«

»Mama, aber sie hat doch Größe fünfunddreißig und du hast siebenunddreißig!«

»Ich habe sie anprobiert, wollte sie ausziehen und meine wieder anziehen. Aber Natascha sagte: ›Ziehen Sie unterwegs doch die neuen an, die stehen Ihnen so gut!‹ Nach Moskau bin ich indessen mit Benedikt Jewgenjewitsch zurückgefahren. Ich konnte doch nicht vor seinen Augen in der Elektritschka die Schuhe wechseln …

Komm mal her, Myschastik, zieh du sie mal an! … Ich hab's doch gewusst, sie passen dir wie angegossen.«

Der Pelzmantel

Alles geschah erst vor kurzem, ich bin immer noch betroffen. Jeden Abend vor dem Einschlafen bleibe ich mit manischer Beharrlichkeit der gleichen sinnlosen, ermüdenden Sache treu: Ich spule alles zurück, einfach alles, was mit Andrej, Mutter und Vater geschah, als sei dies ein alter, abgenutzter Kinofilm. Gleich dem verrückten Domenico im Film *Nostalghia* versuche ich verzweifelt an jenen Punkt zu gelangen, von dem aus alles begann. Bin ich dort angekommen, begreife ich, dass ich nicht die Macht habe, irgend etwas zu ändern.

Es war der glückliche Sommer von 1976. Alle Verluste lagen noch vor mir – meine wunderbare kleine Tochter wuchs und gedieh, und ich erfreute mich meiner Mutterschaft. Zudem verbrachten wir diesen Sommer in Vaters Sommerhaus in Golizyno, Vater kam oft mit seiner dritten Frau, Tatjana Alexejewna Oserskaja, vorbei; die ausgedehnten Begegnungen mit Vater in häuslicher Umgebung vervollständigten mein Glück.

Wenn ich an jene erste Zeit mit dem Kleinkind zurückdenke, fällt mir beim besten Willen nichts ein, was mich irgendwie betrübt hätte, weder schlaflose Nächte noch das Stillen noch die Wäsche. Vielmehr erinnere ich mich an Einzelheiten, etwa an die Unmengen von Äpfeln, die im Garten zum Herbstanfang heranreiften. Und wie die riesigen, von Außen trügerisch wächsern aussehenden und süß-saftig schmeckenden »Klar«-Äpfel auf die Erde fielen und dumpf zerbarsten. Mit allen Kräften mühte ich mich, dem Überfluss Herr zu werden, kochte jeden Tag Konfitüre, brachte Stunden mit dem Rühren der auf dem Herd blubbernden, von Zeit zu Zeit heiße Blasen bildenden Marmelade zu.

Aber eine Frage ließ mir damals seit längerem keine Ruhe. Eines Abends, als meine Tochter längst schlief, eine weitere Portion Konfitüre in Gläser abgefüllt war, Strampler und Strumpfhosen auf den Leinen hingen, nahm ich mir beim Abendtee ein Herz und fragte Tatjana: »Erinnern Sie sich noch an Ihren wunderbaren Pelzmantel? Aus welchem Fell war er eigentlich gemacht?« Ohne wie gewöhnlich vor meinen Fragen auf der Hut zu sein, begann sie mir freudig zu erzählen, dass der Pelzmantel aus ungezupftem Otterfell gemacht war.

Dieser Mantel aus weichem dunkelbraunem Fell war ein Modell mit ausländischem Chic, das neben dem Gürtel und den tiefen Taschen sogar Laschen an den Ärmeln besaß. Keine einzige Schriftstellermuse war im Besitz eines solchen Pelzmantels, Tatjana war zu Recht stolz auf ihn.

»Ja, auch ich erinnere mich noch, wie wundervoll dieser Pelz war. Sagen Sie, wann haben Sie ihn eigentlich gekauft?«

Auch diese Frage fand sie keineswegs verdächtig und erzählte, sie habe den Pelz im Sommer 1947 erworben. Tatjana war zufällig in ein Gebrauchtwarengeschäft an der Petrowka gegangen, hatte diesen Pelz gesehen, war rasch nach Hause gelaufen, und Vater gab ihr Geld für den Mantel.

Genau das war es, was ich wissen wollte. Also war der Pelz in der Tat in jenem zweiten Nachkriegssommer gekauft worden, als Mutter, die uns allein durchbringen musste, nicht wusste, wo sie uns während der Ferien unterbringen sollte und Andrej und mich zunächst zu unserem Großvater nach Malojaroslawez schickte und später in das Haus des Schwiegervaters ihres Cousins in der Nähe der Bahnstation des Vorortes Petuschki.

An diesen Sommer erinnere ich mich noch deutlich.

Das Haus von Großvater Iwan Wischnjakow in Malojaroslawez war groß und geräumig. Weil aber während des Krieges alle Scheiben aus den Fenstern herausgefallen waren, hatte man diese notdürftig mit Brettern vernagelt. Im Haus war es deshalb nahezu dunkel, und der Geruch eines bettlägerigen Kranken hing in der Luft, denn Großvater Iwan Iwanowitsch lag mit seiner Beinkrankheit den ganzen Tag im Bett. Doch die Krankheit war nicht der eigentliche Grund seiner Bettlägerigkeit, diese ging auf ein schreckliches Erlebnis im Krieg zurück. Seine beiden Söhne waren damals an der Front. Als sich die Deutschen Malojaroslawez näherten, flüchtete Großvater, aus Furcht vor einem Blutbad, mit seiner Frau und seiner Tochter in den Wald. Nach langem Umherirren kehrten sie schließlich heim; das Haus war indessen von deutschen Soldaten besetzt, das gesamte Hab und Gut von den Nachbarn geplündert worden. Seitdem weigerte sich der vom Hunger ausgezehrte Großvater sein Bett zu verlassen und wurde von seiner letzten Frau, Alexandra Jermilowna gepflegt, die einer wahrhaftig bösen Schwiegermutter aus den alten Märchen glich.

Mutter gab uns zwei Laib dunkles Brot und ein paar Heringe als Reiseproviant mit auf den Weg nach Malojaroslawez. Alexandra Jermilowna bereitete aus den Innereien der Heringe, Lauch und Molke eine *Okroschka*-Suppe zu, die für Andrej und mich ungenießbar war. Das nahm uns die Schwiegermutter sehr übel, auch wenn sie uns als Gäste nicht kränken durfte. Wir versuchten alles, um dem düsteren Haus zu entkommen, in dem die Schwiegermutter Jermilowna wirtschaftete und ein uns fremder, Furcht einflößender Großvater, dem graue Bartstoppeln sprossen, wortlos im Bett lag.

Wir kletterten oft den Steilhang zum Fluss Lusha hinunter und liefen, die federnde Feuchtigkeit des Sumpfweges unter unseren nackten Füßen spürend, eine Weile am Ufer entlang. Andrej trug den Farbkasten bei sich, den er aus Moskau mitgebracht hatte. Gefiel ihm ein bestimmtes Plätzchen, machten wir Halt. Andrej wies mir, gewissermaßen zur »Belebung« der Landschaft, einen Platz an. Wie sehr ich diese gemeinsamen Stunden inmitten des sommerlichen Flimmerns und der grünen Gräser liebte! Andrej malte. Nur zuweilen hob er den Kopf, um mit zusammengekniffenen Augen einen Blick auf das Landschaftsgemälde zu werfen. Sein Blick war entschlossen und entrückt zugleich. Seine gesamte Gestalt strahlte Kraft und Sicherheit aus, und auch mich steckte er mit seiner Besessenheit an. Voller Ungeduld fieberte ich jenem Augenblick entgegen, da aus den wirren Farbklecksen auf dem Karton das Bild entstünde. Andrej malte das Flussufer mit der knorrigen Silberweide, die Wegbiegung und die dunkle Tanne am Waldrand…

Den Rest des Sommers verbrachten wir unweit von Moskau, in einem Dorf nahe Petuschki. Dort hausten wir, ganz auf uns gestellt, in einem halb verfallenen Bauernhaus. Auch wenn es dort weder eine Jermilowna noch einen bettlägerigen Großvater gab, fühlten wir uns dennoch nicht sonderlich wohl. Wie heißt es so schön bei Nekrassow »In der Welt herrscht ein Zar und dieser ist unerbittlich …« Wir litten Hunger. Mutter musste arbeiten gehen, aber an den Sonnabenden holten wir sie auf dem Bahnhof ab. Auf dem Weg malten wir uns aus, was sie uns mitbringen würde und spielten folgendes merkwürdige Spiel: Andrej kritzelte das, was er gern essen würde, in den Straßenstaub, und ich sollte erraten, was er gemalt hatte.

Die wenigen, von Mutter mitgebrachten Lebensmittel waren schnell aufgebraucht, und die Zeit bis zum Ende der Woche verging jetzt besonders langsam. Wir verbrachten die Tage mit dem Pflücken roter Beeren. Doch selbst, wenn wir sie auf dem Feuer buken, stillten sie ebenso wenig unseren Hunger wie die seltsamen Pilze, die wir in dieser Gegend fanden. Diese erinnerten an Steinpilze, waren jedoch bitter und ungenießbar. Anderes »Weidefutter« fanden wir nicht.

Andrej vernachlässigte zunehmend seine Malerei, untätig streiften wir durch die Gegend. Einmal stießen wir auf ein kleines Feldstück mit Kartoffeln. Es war Ende August und die Kartoffelknollen bereits herangereift. Offenbar eine besondere Sorte, länglich, blassrosa und wohlschmeckend.

Das erste Mal grub Andrej nur eine Handvoll aus, gerade so viel, wie er an die Brust pressen konnte. Am nächsten Tag nahm er gleich eine Tasche mit. Ich stand »Schmiere« und trieb ihn flüsternd an: »Andrej, es reicht, lass uns gehen!« Doch er wehrte mich nur mit einer ungeduldigen Geste ab – mein Gott, lass mich. Wären plötzlich die Besitzer aufgetaucht, sie hätten uns womöglich erschlagen. Aber alles ging gut. Bald war auch der Sommer vorbei, und wir fuhren wieder heim, nach Moskau.

Als die Schule wieder anfing, meldete sich Andrej auch noch zum Zeichenkurs an. Er wollte möglichst schnell mit Ölfarben malen, sollte jedoch vorerst mit Bleistift Pyramiden, Kuben und Oktaeder zeichnen. Im Winter zog sich Andrej eine Erkältung zu und erkrankte an Tuberkulose. Die Ärzte waren der Auffassung, Ursache sei die geschwächte Abwehrfunktionen des Organismus infolge der langen Unterernährung, deshalb habe sich dieser nicht gegen die Tuberkelbakterien wehren können.

Damals im Sommerhaus in Golizyno war es Tatjana etwas seltsam erschienen, warum mich die Einzelheiten, wie sie in den Besitz ihres ungezupften Pelzes gelangt war, so sehr interessierten, lagen diese doch nunmehr an die dreißig Jahre zurück. Zum Glück! Sicherlich hätte sie den Versuch unternommen, sich zu entschuldigen oder zu rechtfertigen.

MUTTERS TOD

Mutters Existenz war mir früher unumstößlich und ewig erschienen. Als wäre sie für immer da, als könne ihr nie etwas zustoßen.

Doch ihr stieß etwas zu. Auf den ersten Schlaganfall folgte das Jahr darauf ein zweiter. Nach dem zweiten verstrich ein halbes Jahr, ohne dass es ihr besser ging. Sie war sehr schwach und konnte sich nur mit größter Mühe im Bett aufrichten. Nach den zwei Schlaganfällen brachte ich sie nicht mehr ins Krankenhaus. Beinahe jeden Tag erhielt ich die Erlaubnis, meine Arbeit für die Redaktion zu Hause zu erledigen. Bis auch ich die nötige Pflege wie Massage, Gymnastik und Logopädie nicht mehr gewährleisten konnte. Es ging nicht mehr ohne Krankenhaus, daher rief ich Andrej an. Es war im Herbst 1979. »Andrej«, sagte ich, »Mutter geht es nicht besser. Hilf mir, für sie ein gutes Krankenhaus zu finden.« Alle weiteren Gespräche führte ich von nun an mit seiner Frau.

Der Mai ging zu Ende, es wurde Juni. Im Juli sollten meine insgesamt drei gesetzlichen Wochen Urlaub beginnen. Meine Tochter Katja war damals vier Jahre alt, und ich wollte sie zumindest für kurze Zeit aus der Stadt bringen. Wir mieteten ein Zimmerchen mit einer kleinen Terrasse in Ignatjewo nahe der Bahnstation Tutschkowo, wo wir vor dem Krieg schon einmal eine Datscha bezogen hatten und wo Andrej 1973 den *Spiegel* gedreht hatte. Das freie Bett im Krankenhaus ließ auf sich warten, Mutter blieb in der Obhut meines Mannes Sascha zurück. Für die Telefonate mit Mutter lief ich jeden Tag an die zwei Kilometer nach Poretschje. Von einem Tag auf den anderen ging Mutter nicht wie üblich ans Telefon. Da dieses Telefon direkt neben ihrem Bett stand, musste ich davon ausgehen, dass sie ins Krankenhaus eingeliefert worden war.

Alles schien gut zu gehen. Mein Mann Sascha besuchte sie im Krankenhaus, einmal schauten auch Andrej und Larissa herein. Am Wochenende kam Sascha zu uns ins Dorf, um bei Katja zu bleiben und ich fuhr zu Mutter.

An Mutters Bett sitzt die Ärztin Walentina Abramowna und füttert Mutter mit dem Löffel. (Übrigens weiß sie nicht, dass sie die Mutter des berühmten Regisseurs vor sich hat.) Sie putzt mich herunter, warum ich, nunmehr nach einer Woche, zum ersten Mal zu Besuch käme. »Aber mein Mann ist doch jeden Tag vorbeigekommen, auch mein Bruder und seine Frau haben sie besucht!«

»Das ist etwas anderes!« erwidert sie, »Ihre Mutter braucht sie – die Tochter!« Ich stammle etwas von Urlaub, von meiner kleinen Tochter...

Eine Woche darauf ringe ich auf dem breiten Treppenabsatz im Krankenhaus um Luft. Soeben hat man mir die furchtbare Diagnose mitgeteilt. Ich fühle mich außerstande, in das Krankenzimmer zu Mutter zurückzukehren. Ich befürchte, dass sie an meinem Verhalten sofort ablesen kann, was geschehen ist. Da taucht, die einzelnen Stufen ohne Hast hinaufsteigend, eine Verwandte von uns auf. In ein paar Jahren wird sie Mutters Andenken und auch mich verraten, jetzt aber kommt sie, von Stufe zu Stufe vor mir größer werdend, gänzlich friedfertig und anscheinend tief in Gedanken versunken, die Treppe herauf. Ich hätte sie hier nicht erwartet, und auch sie ist überrascht, mich hier zu sehen. Ich erfahre, dass mein Mann sie gebeten habe, bei Mutter vorbeizufahren, weil er nicht von der Arbeit freigestellt worden war. »Was weinst Du denn?«, fragt sie mich. Ich erzähle ihr von der Diagnose. Wir bleiben auf dem Treppenabsatz stehen. Ich muss wieder ins Krankenzimmer zurück. Mutter weiß, dass ich nur hinausgegangen bin, um kurz mit dem Arzt zu sprechen. Ich bin froh, dass unsere Verwandte vorbeigekommen ist, weil sich Mutters Aufmerksamkeit nicht allein auf mich richten wird und nicht reden muss.

Mama in den 50er Jahren.

Eine weitere Woche verstreicht. Ich bin wieder in Moskau und fahre ins Krankenhaus. Sascha ist mit unserer Tochter in Ingnatjewo geblieben. Ich treffe daheim Vorbereitungen für Mutters Rückkehr aus dem Krankenhaus, ihr Bett in der Neurologie wird für einen »aussichtsreicheren« Kranken benötigt. Vom »Haus des Möbels« habe ich mich mit einer dicken, weichen Matratze abgeschleppt, dann das Zimmer aufgeräumt, die Bettwäsche bezogen. Ich mache mich auf den Weg, um Mutter abzuholen.

Im Krankenhaus ist schon alles vorbereitet. Man drückt mir ein verschlossenes Kuvert mit der Gesundschreibung in die Hand. Ich gehe zur diensthabenden Schwester und bitte sie, mir ein Beruhigungsmittel mitzugeben. Sie streckt mir ein ganzes Fläschchen Mixtur entgegen. »Wozu so viel?«

»Nehmen Sie ruhig, Sie können's gebrauchen!«, entgegnet die Schwester gutmütig. Man transportiert Mutter im Rollstuhl. Wir stehen da, warten auf den Aufzug. »Gib mir mal was von der Mixtur!«, bittet sie. Ich lasse sie einen Schluck direkt aus dem Fläschchen trinken. Dann nehme auch ich einen Schluck, damit sie ja nicht denkt, ich hätte Angst, nach ihr zu trinken. Obwohl ich mich in der Tat ängstige, wer weiß, ob Krebs nicht ansteckend ist. Wir fahren mit dem Krankentransport. Die Fahrt zieht sich hin. Es geht quer durch ganz Moskau, von Ismailowo in den Südwesten. Wir sitzen nebeneinander. Ich ziehe die Gardine zu, weil ich den Eindruck habe, Mutter ermüdet das Flimmern hinter dem Fenster. »Nein, mach' ruhig auf. Ist doch interessant zu sehen, wo wir lang fahren.« Sie nennt den Stadtbezirk und die Straßen, durch die wir fahren. Wie gut sie sich in Moskau auskennt.

Wenn ich Geheimnisse vor Mutter hatte, wusste sie meist bald davon. Ich konnte sie selten lange für mich behalten. Wenn ich vor Mutter etwas verschwiege, käme es einem Betrug gleich, und die Betrogene zu sein, empfinde ich als erniedrigend. Wie soll ich das bewerkstelligen? Fortan bin ich gezwungen, Mutter jeden Tag anzulügen, und das bis zu ihrem Ende. Ich lebe im Zustand des schwelenden Kummers, der Kraftlosigkeit und der Lüge.

Mutter ist zu Hause. Man hat mir gesagt, ich solle den Bezirks-Onkologen hinzuziehen. Da ist er schon, ein junger Mann mit einem flächigen, asiatischen Gesicht. In der Diele bitte ich ihn, Mutter nicht ihre Krankheit zu verraten. Der Arzt geht schnell und selbstbewusst zu ihr ins Zimmer, nimmt gegenüber ihrem Bett auf einem Stuhl Platz, das Entlassungsschreiben aus dem Krankenhaus hält er in der Hand. Durch die Balkontür fällt grelles Sonnenlicht. Mutter ist unsäglich hilflos und vertrauensselig, sie geht auf alle Fragen des Arztes ein. Unterdessen stehe ich tausend Ängste aus, sie könne einen Blick auf den Zettel werfen, der auf seinen Knien liegt, und darauf ihr Urteil erkennen. Ich beginne, dem Arzt ziemlich laut etwas zu erzählen. Ich will sie von dem Zettel ablenken, und alle meine Kräfte zusammennehmend beschwöre ich sie in Gedanken: »Mutter, sieh mich an, sieh mich an!« Der Arzt legt die Papiere zusammen und erhebt sich. Sicher hat der Onkologe schon viele Kranke gesehen, uns verlässt er jedoch mit einem veränderten Gesicht, düster und nahezu schlurfenden Schrittes. Kaum ist er fort, fällt mir ein, Mutter hätte die Gesundschreibung ohnehin nicht ohne Brille lesen können.

Der Sommer ist vorbei. Sascha und Katja sind zurück. Auch unser Sohn Mischa ist von seiner Expedition heimgekehrt.

Es kommt die Zeit der schmerzstillenden Spritzen. Ich kann mich nicht auf die Bezirksschwester verlassen, denn die Schmerzen setzen urplötzlich und zu jeder Tages- und Nachtzeit ein. Ich setze Mutter selbst die Spritzen, auch wenn ich darin keinerlei Erfahrung habe. »Du machst das gut, ich merke fast nichts«, beruhigt mich Mutter. Nachts bemüht sie sich, mich nicht zu wecken, manchmal hält sie bis zum Morgen durch. Andrej und Larissa sind vorbeigekommen. Mit scherzhafter Feierlichkeit haben sie Mutter einen schönen Frottee-Bademantel ins Zimmer getragen. Aber den wird sie jetzt nicht mehr brauchen können.

Der Reihe nach halten Mutters Cousinen Wache, denn auf mir lastet die übliche Redaktionsarbeit, die ich jeden Tag mehr und mehr vernachlässige. Den Tanten fällt es schwer, von der Metro-Station Aeroport bis hierher zu fahren. Sie sind auch nicht mehr die Jüngsten. Bella Mekler, genannt Belotschka, Walja Newskaja und Walja Krengaus, gewissermaßen Mutters »Adoptiv«-Töchter, besuchen sie.

So verbrachten wir die letzten Wochen mit Mutter. Ich in einer Art Wahnsinn, Mutter allmählich begreifend, dass sie schwer krank ist. »Marina weint«, sagte sie zu jemanden am Telefon, »also steht es schlecht um mich.« Mein einziger »Triumph« bestand darin, dass Mutter mir glaubte und dachte, sie habe Herzschmerzen. Noch vor kurzem hatte sie häufig bei Verwandten und Freunden angerufen. Jetzt braucht sie das alles nicht mehr. Selbst die Lust am Rauchen hat sie verloren. Mischa sitzt lange bei ihr im Zimmer und spielt Gitarre. Mutter scheint es zu gefallen.

Ich spürte, dass sie von uns geht. »Mamotschka, wen soll ich holen, wen möchtest du sehen?« Ich wünschte mir, dass sie vor ihrem Tod noch einmal Vater und Andrej sehen würde. Aber sie antwortete: »Niemand, bloß dich.« Am 2. Oktober verlor Mutter das Bewusstsein. Morgens, am 4. Oktober, kam sie wieder zu sich und bat sogar um etwas zu essen. Ich nutzte die Gelegenheit, um sie zu waschen, umzuziehen und die Bettwäsche zu wechseln. Sie war überaus wundervoll und machte Scherze über den Preiselbeersaft, den ich ihr zu trinken gab. Ihre Augen waren verblüffend strahlend, nahezu von überirdischer Schönheit. Etwa gegen fünf Uhr verlor Mutter wieder ihr Bewusstsein. Belotschka kam bei uns vorbei, ihre Belotschka, die geahnt hatte, dass sie gerade in diesem Augenblick zu ihr fahren musste … Morgens atmete Mutter noch. Ich rief Andrej an. Ich begriff, dass ich ihn holen musste. Er kam sofort. Wir dachten, vielleicht bräuchten wir noch etwas Promedol, es war nur noch eine Ampulle da. Also fuhr Andrej zu Burakowski ins Institut für Kardiologie und brachte noch zwei mit. Aber wir benötigten sie nicht mehr. Mutter verstarb gegen ein Uhr, am 5. Oktober 1979. Andrej wusch ihr das Gesicht ab. Mischa, mein Sohn, kam hinzu, und alle drei blieben wir lange bei ihr sitzen.

OHNE TITEL

Der Tod meiner Mutter wurde für mich zu einer Katastrophe. Nicht nur, weil ich ihre physische Gegenwart vermisste. Als Mutter noch lebte, erweckte die Welt den Anschein, als sei sie logisch und voller Harmonie. Sicher, es gab darin auch Lügen, Bosheit, Grausamkeit, Dummheit, Spießigkeit; wurde Mutter damit konfrontiert, nahm sie es sich sehr zu Herzen. Mich aber beschützte sie vor allem Schrecklichen und Widerlichen. In ihrem Schatten fühlte ich mich sorglos und glücklich, es genügte, Mutter zu gehorchen, keine schändlichen Taten zu begehen, bösen und dummen Leuten aus dem Weg zu gehen. Erwachsen geworden hielt ich mich weiterhin an ihrer warmen, zärtlichen Hand fest.

Mutter war keineswegs sentimental. Ihre Liebe zu mir äußerte sich in ihrem Nahesein und in ihrer Aufmerksamkeit gegenüber dem, was mein Leben ausmachte und was in mir vorging. In unseren Gesprächen ging es weniger um die konkreten Tatsachen, sondern um das, was der andere darüber dachte, oder einfach um den Austausch an sich. Das war es auch, was unsere Beziehung so interessant machte. Meist aber sprach Mutter, während ich ihr, mich oft lange ausschweigend, zuhörte. »Und der Teppich schweigt!«, pflegte sie dann über mich zu sagen, die Worte aus dem Kinderbuch über den Welpen Bobka zitierend.

Ich erinnere mich noch deutlich an die Sommerabende 1977. Mutter war damals schon schwer krank, und so wartete sie abends darauf, dass ich meine Arbeit beendete oder mit den Hausarbeiten fertig würde, um mich zu ihr zu setzen. Beide bedurften wir dieser Abendgespräche. Worüber wir sprachen? Einfach über alles. Über Bücher, über Menschen und vor allem ihre Enkel Mischa, Senja (den Sohn aus Andrej Tarkowskis ers-

Dieses alte Foto seiner Mutter diente Andrej als Orientierung zu seinen Dreharbeiten zu *Der Spiegel*.

ter Ehe) und Katja. Über Andrej sprachen wir kaum – er war ihr Schmerz. Mutter litt darunter, dass er fast nie das Bedürfnis hatte, sie zu sehen. Nur Andrej zuliebe, aus Achtung vor seiner Arbeit als Regisseur, hatte sie eingewilligt, sich im *Spiegel* filmen zu lassen. Mutter war von Kindheit an schüchtern, damals schämte sie sich ihres Alters. Das Leben in Tutschkowo, die fremde Umgebung, die Notwendigkeit mit dem Filmteam zu verkehren und vor der Kamera zu stehen, das alles war für sie eine quälende Erfahrung. »Jeden Tag hat mir das Herz wehgetan«, sagte Mutter, als sie von den Dreharbeiten nach Hause zurückkehrte. Es war für sie ungewohnt, von so viel Aufmerksamkeit umgeben zu sein. Gewöhnlich war sie aber für jede noch so kleine Zuwendung dankbar. Am meisten litt sie darunter, unverstanden zu sein. Und sie freute sich, wenn man ihre Andeutungen auf Anhieb verstand.

Zuweilen habe ich das Gefühl, dass Mutter nicht für immer fort ist und an meiner Seite weiterlebt. Wie soeben. Wir sahen fern, Sascha machte einen Scherz, und als ich darüber lachen musste, spürte ich, Mutter ist mit uns im Zimmer. Dieses Gefühl war so real, dass ich mir erneut, nunmehr nach sechzehn langen Jahren, ihrer Anwesenheit gewiss bin. Ein Moment der Glückseligkeit. Was es genau war? Woher dieses Gefühl aufkam? Vielleicht verbirgt sich dahinter eine nahezu materialisierte Sehnsucht nach ihr? Nur warum kommt sie dann so selten zu mir?

Die Türkisohrringe

Ich habe eine Schwäche für Gegenstände. Nicht weil sie von Nutzen sind oder einen bestimmten Wert haben. Vielmehr liebe ich sie, weil sie mich an Menschen erinnern, die ich schätze. Kommt ein Gegenstand einmal in Berührung mit einem Menschen, bewahrt er dessen Wärme und wird gleichsam mit Leben erfüllt.

Ich hüte vieles, was mit dem Andenken an meine Familie verbunden ist. Heute noch bedaure ich, unmittelbar nach Mutters Tod alles aus ihrem Zimmer auf die Straße getragen zu haben. Das Bett, den Lehnsessel, die chinesische Wolldecke, die ich ihr einst geschenkt hatte, oder das kleine, unter ihrem Kopfkissen liegende Täschchen. Damals kamen mir diese Dinge wie Feinde vor. Überaus aggressiv und grausam erinnerten sie mich an Mutters Leid und ebenso erbarmungslos hatte ich sie meinerseits vernichtet. Heute will es mir nicht einmal gelingen, Mutters alte Strickmütze oder Vaters hellblauen, alten und bereits zu seinen Lebzeiten von Motten zerfressenen Pullover wegzuwerfen.

Mutter war keine sentimentale Fetischistin. Ihr fiel es leichter, materielle Verluste zu ertragen als mir. Ging es um das Leben und die Gesundheit ihrer Kinder, trennte sie sich ohne Zögern von jedem erdenklichen Gegenstand.

Vor dem Krieg besaß Mutter Ohrringe mit zwei beachtlichen, in Gold eingefassten Türkisen, in die in arabischer Schrift ein Zitat aus dem Koran eingraviert war.

Nach der Hochzeit mit meinem Vater begann sie, diese Ohrringe zu tragen, weil er sie gerne an ihr sah. Die Türkise schmückten sie tatsächlich sehr. Mutter trug sie mit Freude, obwohl ihr Großmutter immer wieder ein Sprichwort vorhielt, das besagt, einer Blondine wie ihr würden sie nur Unglück bringen.

Nachdem uns Vater verlassen hatte, hasste Mutter die Ohrringe. Sie ließ sich sogar die Ohrlöcher zuwachsen, und das, obwohl sie jetzt, nachdem Vater sie verlassen hatte, keine bösen Sprichwörter mehr zu befürchten hatte. Die Ohrringe lagen fortan im Schrank. Als der Krieg ausbrach, nahm Mutter sie aber mit in die Evakuierung.

Die Ohrringe sind eine besondere Geschichte wert, die einer Abschweifung über Großmutter Weras Verwandtschaft bedarf. Großmutters Vater, Nikolai Dubassow, entstammte einem altehrwürdigen Moskauer Bojarengeschlecht, er hatte einst Maria Pscheslawskaja, eine Adlige russisch-polnischer Herkunft, geheiratet.

Marias Tante war eine hässliche alte Jungfer, die, enttäuscht vom weltlichen Leben, eine Pilgerreise nach Jerusalem unternahm. Sie trug sich mit dem Gedanken, sich vor dem Grab Gottes zu verneigen und obendrein einen Metropoliten um den Segen zu bitten, weil sie beschlossen hatte, den Nonnenschleier zu nehmen. Das Tantchen logierte im Hotel bei der russischen Kolonie und harrte, in Erwartung einer Audienz beim Oberhaupt, alle Gottesdienste in der griechisch-orthodoxen Kirche aus. Dort erregte sie die Aufmerksamkeit eines ansässigen Arztes aus Griechenland. Als sie zur festgesetzten Zeit beim Oberhaupt erschien, um ihren Segen zu empfangen, sagte dieser zu ihr: »Meine Tochter, ich segne dich nicht für das Kloster, sondern für die Ehe mit unserem verehrten Arzt, dem Herrn Masaraki.«

Das Tantchen fügte sich in das Schicksal und ging mit Masaraki den Bund der Ehe ein. Glücklich und zufrieden lebte sie viele Jahre lang in Jerusalem, sie kehrte erst nach dem Tod ihres hochgeschätzten Gatten nach Moskau zurück. Allen Verwandten brachte sie Geschenke mit. Großmutter Wera schenkte sie jene Türkisohrringe, die später in Mutters Besitz übergingen.

Während der Evakuierung mussten wir vieles verkaufen oder für Lebensmittel eintauschen. Nach und nach verschwanden

Meine Mutter mit den Türkisohrringen.

das Steingutgeschirr, eine Schüssel, der Pelzmantel, das Fahrrad von Großvater Nikolai Petrow, Mutters karierter Pullover und ihr Samtjackett.

Dann kamen die Ohrringe an die Reihe, über deren Verkauf sich Mutter erst seit dem Frühjahr 1943 Gedanken machte, als sich unsere Heimkehr abzuzeichnen schien. Wir mussten Fahrkarten kaufen, um abreisen zu können, und bis dahin irgendwie durchkommen. Darüber schrieb Mutter an Vater im

April. Die Türkisohrringe bezeichnete sie schlicht als »die hellblauen Ohrringe«: »Wir haben die Absicht, die hellblauen Ohrringe zu verkaufen«, »Man ist im Begriff, mir die hellblauen Ohrringe abzukaufen.« Bei Andrej heißt es im *Spiegel*, dass sie schon in Sawrashje versucht haben soll, sie zu verkaufen. Was allerdings schwierig war, denn die Menschen hatten damals anderes im Sinn als luxuriöse Güter.

Als Mutter wieder einmal die Dörfer am anderen Wolga-Ufer aufsuchte, nahm sie die Ohrringe mit und brachte statt ihrer ein Maß Kartoffeln in einem Sack mit. Unzählige Male wiederholte Großmutter später die Worte »ein Maß Kartoffeln«, bis sie schließlich zum geflügelten Wort wurden. »Die Ohrringe hat Marussja für ein Maß Kartoffeln weggeben.« Diese gänzlich ungenormte Einheit für Volumen füllt einen kleinen zylinderförmigen Eimer. Wie viel Kilogramm Kartoffeln darin Platz fanden? Vielleicht acht?

Es heißt, Türkissteinen ergeht es wie Menschen, sie leiden an Krankheiten und sterben. Ob Mutters Türkise noch am Leben sind?

Die Knöpfe

Für Deborah Adelman, im Andenken an den
Moskauer Frühling 1989

Welchen Umständen wir diese ovale Blechschachtel zu verdanken haben? Sie scheint eindeutig aus der Vorkriegszeit zu sein, mit diesen aufgemalten Blumen und kleinen Herzen im folkloristischen madjarischen Stil und diesem Schriftzug in ungarischer Sprache: »Es empfiehlt sich diesen Kaffee mit Zichorie aus St.-István zu trinken«. Sie könnte auch ein Mitbringsel von der Front sein, ein Feuer hat auf der einen Seite seine Spuren hinterlassen. Womöglich haben auch ganz andere Umstände die Schachtel verkohlen lassen, wer weiß? Seit Ende der vierziger Jahre bewahren wir Knöpfe darin auf. Manchmal, wenn ich zu Hause allein bin, schütte ich alle Knöpfe auf dem Bett aus, knie mich daneben und nehme jeden einzelnen Knopf zur Hand, um ihn zu betrachten.

Hier der große, schwarze mit den vier Knopflöchern. Großmutter Wera beteuerte, er sei aus Palmenholz gemacht. Einst schmückte er den Drapémantel von Nikolai Petrow, Großmutters zweiten Mann. Großmutter konnte man in der Tat nicht als Schönheit bezeichnen, was sie indes mit ihrem fröhlichen und koketten Naturell wettmachte. Überdies war sie eine gute Sängerin und liebte es, sich schön zu kleiden. Sie hatte bezauberndes braunes Haar und fröhliche, braune Augen mit asiatischem Einschlag – einer ihrer Urahnen hatte eine aus der Goldenen Horde* mitgebrachte Fürstin geheiratet. Großmutter war unkompliziert und fügsam, wurde aber auch schnell eifersüchtig auf ihren Mann Nikolai und erinnerte ihn ohne Unterlass daran, dass sie für ihn ihren guten Namen geopfert hatte. Geduldig ertrug er Großmutters Szenen, wohl wissend, dass er regelmäßig Loblieder auf ihren Charakter und ihre ausgezeichneten Kochkünste anzustimmen hatte. Gleichwohl führte er sein eigenes Leben. Er arbeitete viel, ging auf die Jagd und auch an Frauen fehlte es ihm nicht. Noch als Student, lange bevor er Großmutter traf, hatte er ein hübsches Sümmchen angespart und Europa bereist. Von seiner Reise zeugten eine ganze Reihe verblichener Postkarten mit Motiven antiker Statuen und Bildern alter Meister, die Andrej gern als Kind betrachtete.

Die Palmenholzknöpfe wanderten von Nikolai Petrows Mantel auf Großmutters Pelzmantel und von diesem wiederum auf ihren schwarzen Mantel aus grobem Tuch – Großmutters letzten Mantel. Sie trug ihn bis zu ihrem Tod im Jahre 1966. Nahezu erblindet, sich auf einen Stock stützend, lief sie, ohne jemanden zu erkennen, in der Ersten Stschipowski Gasse den Zaun vor dem Haus auf und ab und bat die Passanten um Almosen. Hatte sie ein wenig Kleingeld zusammen, ging sie in das Geschäft auf der anderen Straßenseite, wo sie sich an die 200 Gramm preiswertes Konfekt kaufte.

Und diese zwei Kupferknöpfe hier gehörten sicherlich an ein Theaterkostüm, vielleicht sind es in Wahrheit sogar antike Stücke. Andrej hatte sie mitgebracht, als er siebzehn Jahre alt war. Zu der Zeit war er wirklich sehr attraktiv. Er war gut gebaut, hatte breite Schultern, dichtes dunkelrotes Haar und weiche jungenhaften Gesichtszüge...

Und diese hier sehen eigentlich gar nicht aus wie Knöpfe. Der eine glänzt wie eine in Lack getauchte, schwarze Bohne und der andere ist bunt gescheckt. Mutter und ich hatten sie einst aus jenen Bohnen aussortiert, die wir für eine Suppe gekauft hatten und sie einfach »nur so, wegen der Schönheit« aufgehoben. Und dieser einzelne Manschettenknopf hier mit dem schönen Ural-Stein ist von Vater. Augenblicklich entsinne ich mich warum. Dieser einzelne Knopf ist bei Mutter geblieben, weil er nie zu einem Paar gehörte. Merkwürdig, wozu brauchte Vater einen einzelnen Manschettenknopf?

Diese drei winzigen Jackenknöpfe hier sind ein Geschenk meiner spanischen Redaktionskollegin Celestina Marinero. Vor ihrer Rückkehr in ihre Heimat hatte sie einige Sachen weggegeben.

Nach Ausbruch des Spanischen Bürgerkriegs ergriff die Sowjetunion leidenschaftlich Partei für die Republikaner und kämpfte gegen die Faschisten. 1940 entdeckte Andrej auf einer Demonstration ein Auto mit einem Hakenkreuz auf der Tür, sofort schrie er los »Faschisten!«. Unsere vollkommen verängstigte Mutter fürchtete jeden Augenblick verhaftet zu werden und redete beruhigend auf ihn ein mit der Erklärung, dass das unsere Verbündeten* seien. Aber wie sollte man einem Kind erklären, was mit gesundem Menschenverstand nicht zu verstehen war.

Meine Lieblingsknöpfe sind allerdings die dunkelroten, stäbchenförmigen Knöpfe aus durchsichtigem Plastik mit den abgeschrägten Enden. In meiner Kindheit dachte ich, sie sähen aus wie Pralinen. Diese Knöpfe zierten früher Mutters schwarzes, gerippstes Kostüm. Großmutters Schneiderin hatte es für sie angefertigt. Mutter war Kleidung gleichgültig. In der Jugend trug sie das, was ihr Großmutter schickte. Nach dem Krieg bekamen wir Mutter nicht mehr gut gekleidet zu Gesicht. Sie war der Ansicht, sie habe kein Recht darauf, Geld für sich auszugeben, und deshalb trug sie das, was ihr der Zufall zuspielte. Mutter war blond, hatte dichtes langes Haar, ruhig blickende, graue Augen und zarte Haut. Die Dichterin Maria Petrowych erzählte mir, Mutter habe in ihrer Jugend ein »sonnenstrahlendes Gesicht« gehabt. Dieses Strahlen war leider schnell erloschen. Ein Sprichwort besagt, jeder ist seines Glückes Schmied. Mutter war ein schlechter Schmied. Sie hatte nicht die Gabe, sich ihr Leben einzurichten und schien beinahe absichtlich immer den schwierigeren Weg zu wählen. Sie hat kein zweites Mal geheiratet, ging ihrer Tätigkeit in der Druckerei nach, obwohl man ihr dort irrsinnige Arbeitsnormen abverlangte, und sie ließ sich während des Zweiten Weltkrieges nicht wie die anderen Schriftstellerfrauen mit dem »Litfond« evakuieren, und

Mama in meinem Lieblingskostüm, 1938.

das alles nur, weil sie nicht heucheln mochte, nicht einmal vor sich selbst. Es schien, als brauche sie rein gar nichts in ihrem Leben außer einer Tasse Tee mit einem Kanten Brot und Papirossy. Ihr gesamtes Leben war auf das Wohl von uns Kindern ausgerichtet. Allerdings verwöhnte uns Mutter nicht. Manchmal war sie sogar viel zu streng mit uns. Was Andrejs Erziehung angeht, hatte sie anscheinend zu viel Strenge walten lassen, in der Annahme, Andrej müsse sich unterordnen und gehorchen, was seinem Naturell widersprach und ihn noch mehr von ihr entfernte.

In ihrem schwarzen Kostüm sah Mutter außerordentlich schön aus. Das ist auch gut auf den Lichtbildern zu sehen, die Lew Gornung gemacht hat. Entstanden sind sie im Haus unserer lieben Bekannten Maria Chitrowo. Maria unterrichtete Französisch am Institut für Fremdsprachen. Sie war in Paris geboren, Französisch war ihre Muttersprache. Als junges Mädchen lernte sie zwei junge russische Damen kennen, die Schwestern Chitrowo. Sie luden Marie nach Russland ein, wo sich der Bruder der Schwestern in die französische Schönheit verliebte. Kurz darauf wurde aus Mademoiselle Marie – Maria Chitrowo. Dann kam die Revolution und der Bürgerkrieg. Wie durch ein Wunder blieb Maria von den Repressionen unter Stalin und später von den deutschen Bomben verschont. Maria Chitrowo nahm uns, als wir aus der Evakuierung wieder nach Moskau zurückgekehrt waren, bei sich auf. Vom Zug aus hatte uns Mutter zuerst zum Sanitätskontrollpunkt auf dem Trubnaja-Platz gebracht, anschließend zum Litfond und von dort aus zu Maria Chitrowo, die in der Kasarmennaja Gasse wohnte. An der Straßenecke stand ein zerstörtes Haus, wir konnten die kleinen Zellen der Zimmer mit den bunten Tapeten und ein an einem Balken festgemachtes Eisenbett sehen. Maria Chitrowo war nicht zu Hause, und wir warteten lange auf der Treppe vor ihrer Tür. Mir war schwindelig vor Hunger und Müdigkeit. Auch Andrej war erschöpft und saß still auf dem Treppenabsatz. Die Blässe ließ seine Sommersprossen noch deutlicher hervortreten. Als Maria endlich heimkam, gab sie uns etwas zu essen und ließ uns dann auf ihrem breiten Mahagoni-Bett schlafen, über das sie eine Watte-Steppdecke gelegt hatte. Maria Chitrowo lebte damals allein, ihr Mann und auch ihr Sohn kämpften an der Front.

Noch immer sitze ich am Bettrand und betrachte die Knöpfe. Diese wundersamen Kostbarkeiten aus Plastik, Holz oder Perlmutt, denen ich zahlreiche Erinnerungen zu verdanken habe.

Seltsame Briefe

Ich blättere erneut in der französischen Ausgabe von Andrejs Tagebüchern. Unter September 1983 steht eine einzige Notiz. Mein Bruder zerbricht sich zum hundertsten Mal den Kopf darüber, wie er seinen Sohn Andrej, die Schwiegermutter und die Stieftochter aus der Sowjetunion herausholen kann. In jenem Sommer arbeitete er in Italien an Donatella Baglivos Dokumentarfilm, führte Regie zu *Boris Godunow* an der Covent Garden Opera in London und begann mit den Vorbereitungen zu seinem letzten Film *Das Opfer*. Dennoch ist in den Tagebuchaufzeichnungen eine schwermütige Grundstimmung auszumachen, er sehnt sich nach dem in Moskau zurückgebliebenen Sohn.

Die Funktionäre von Goskino*, dem Staatskomitee für Filmwesen beim Ministerrat der UdSSR, stellten ihm eine Bedingung. Bevor die Aufenthaltsgenehmigung für seine künstlerischen Pläne verlängert werden könne, müsse er mit seiner Frau nach Moskau zurückkehren. Andrej verstand, was diese Forderung bedeutete, die ihm durch die sowjetische Botschaft in Italien mitgeteilt wurde – er würde niemals wieder ausreisen können.

Vater kamen immer hartnäckigere Gerüchte zu Ohren, es hieß, Andrej wolle nicht nach Moskau heimkehren. Im September 1983 besuchte ich Vater in Moskau und erfuhr, dass ihn der Direktor des Kinostudios Mosfilm aufgesucht und ihn dringend ersucht hätte, Andrej zur Rückkehr nach Moskau zu bewegen.

Vater willigte ein, einen Brief zu schreiben. Für ihn selbst stellte sich die Frage der Emigration nicht. Er war kein Bürgerrechtler (obwohl er in Machtkreisen als »verdeckter Dissident« bezeichnet wurde), ihm drohte auch nicht die gewaltsame Ausweisung aus der UdSSR. Er war der Ansicht, wie schwer das

Leben in der Heimat auch sein mag, wie tragisch sich sein künstlerisches Schicksal auch gestalten würde, er würde auf dieser »leidvollen« russischen Erde weiterleben und wenn nötig um ihretwillen dieses »Kreuz« auf sich laden. Vater las mir oft Anna Achmatowas Gedicht vor:

> *Und eine Stimme war. Sie rief mich an*
> *Tröstend, sprach: »Komm nun wo ich bin.*
> *Verlass dein taubes, dein in Sünden Land,*
> *Von Russland geh auf immer.*
>
> *Ich nehm das Blut von deinen Händen,*
> *Ich wasch aus dir die ehrlose Scham.*
> *Der Niederlagen Schmerz, die Kränkung*
> *Deck ich mit einem neuen Namen.«*
>
> *Doch unbetroffen und gelassener Seele*
> *Verschloss ich mit den Händen mein Gehör,*
> *Dass nicht die nichtswürdige Rede*
> *Den Geist, den trauervollen, mir befleckt.*

Vater schrieb an Andrej, weil er seinen Sohn vor der schwierigen Situation eines in der Fremde lebenden Filmemachers und vor dem bitteren Schicksal eines Vertriebenen bewahren wollte, und nicht, weil er den Heuchlern und Duckmäusern, die an der Macht waren, einen Gefallen tun wollte. Er sorgte sich nicht um die Folgen, die Andrejs Weigerung, zurückzukehren haben könnten, sondern um dessen Schicksal. Vater schrieb seinem Sohn, ein russischer Künstler könne nicht ohne Russland leben und arbeiten. Er dürfe seine Wurzeln und den Boden, der sie nährt, nicht verlieren. Später erzählte man mir, Vater habe beim Verfassen dieses Briefes weinen müssen. (Er war damals siebzig Jahre alt.) Dem Direktor von Mosfilm, der im kleinen Nebenzimmer saß, war das sicherlich peinlich.

Bald darauf traf Andrejs Antwort ein. Ich weiß nicht, an wen sie eigentlich adressiert war, an Vater, das ZK oder den KGB. Er galt wohl eher den beiden Letzteren.

16. September 1983.
Lieber Vater!

Ich bin traurig, dass du das Gefühl hast, ich hätte mir die Rolle des »Vertriebenen« ausgesucht und sei drauf und dran, mein Russland zu verlassen ...
Ich weiß nicht, wer einen Nutzen daraus zieht, meine gegenwärtig schwierige Lage derart auszulegen, in die ich »dank« der mehrjährigen Hetze durch die Funktionäre von Goskino, insbesondere die des Vorsitzenden Jermaschow, hineingeraten bin. Mir scheint, er wird sich noch für seine Aktivitäten vor der Sowjetregierung verantworten müssen.
Mag sein, dass du nicht nachgerechnet hast, doch von gut zwanzig Jahren Arbeit für das sowjetische Kino war ich ungefähr siebzehn Jahre arbeitslos.
Goskino wollte nicht, dass ich arbeitete!
Beständig hetzte man gegen mich, aber das, was das Fass zum Überlaufen brachte, war der Skandal in Cannes, angesichts der unfairen Aktivitäten Bondartschuks, der seinerzeit Mitglied der Festival-Jury war und der mit Hilfe der aus der Sowjetunion angereisten Kinofunktionäre einen Preis für meinen Film Nostalghia *zu verhindern suchte. Ich erhielt insgesamt drei Preise.* Nostalghia *halte ich für höchst patriotisch. Viele Gedanken, die du mir bitter vorwirfst, finden darin ihren Ausdruck. Bitte Jermaschow um Erlaubnis, dir den Film ansehen zu dürfen, du wirst alles verstehen und mir zustimmen.*
Der Wunsch der Parteifunktionäre, meine Gefühle in den Schmutz zu ziehen, bedeutet zweifellos, dass man nicht nur sehnlichst wünscht, mich loszuwerden, sondern auch mein Werk, das für sie wertlos ist.

Arseni (Sohn Andrej Tarkowskis aus 1. Ehe), Arseni und Andrej Tarkowski.
(v.l.n.r.)

Als zu Majakowskis Ausstellung anlässlich seines zwanzigjährigen Schaffens fast keiner der Kollegen kommen wollte, empfand es der Dichter als den härtesten und ungerechtesten Schlag, so dass viele Literaturwissenschaftler annehmen, dieses Ereignis sei einer der wichtigsten Gründe für seinen Selbstmord.

Als ich meinen fünfzigsten Geburtstag feierte, fand weder eine Ausstellung statt, noch veröffentlichte man eine Ankündigung und Glückwünsche in unserer Filmzeitschrift*, wie es immer und für jedes Mitglied des Filmverbandes* üblich gewesen ist.

Eigentlich Bagatellen – Anlässe gab es mehr als genug – alle waren demütigend.

Du bist einfach über vieles nicht unterrichtet.

Außerdem beabsichtige ich durchaus nicht, lange wegzubleiben. Ich werde meine Regierung um einen Pass für mich, Larissa, Andrjuscha und seine Großmutter bitten, der uns er-

möglicht, für drei Jahre im Ausland zu leben, um mir eines zu erfüllen, vielmehr um meinen heimlichen Traum zu verwirklichen. Die Inszenierung der Oper Boris Godunow an der Covent Garden Opera in London und Hamlet für das Kino. Das habe ich in einem Bittbrief an Goskino und die Kulturabteilung des ZK geschrieben. Bisher habe ich keine Antwort erhalten.

Ich kann mir nicht vorstellen, dass die Regierung auf einer unmenschlichen und ungerechten Antwort beharren wird. Ihre Autorität ist so groß, dass ich es niemals wagen würde, sie zu einer Antwort zu zwingen, aber ich habe keine Wahl. Ich kann auf keinen Fall zulassen, mich bis zum Äußersten zu erniedrigen. Mein Brief ist keine Bitte, sondern eine Forderung. Was meine patriotischen Gefühle angeht, so schau dir Nostalghia an (wenn man ihn dir zeigt), um dir über meine Gefühle für mein Land klar zu werden.

Ich bin mir sicher, dass alles gut wird, ich beende hier meine Arbeit und kehre dann mit Anna Semjonowna, Andrej und Larissa nach Moskau zurück, um dich und alle unsrigen in die Arme zu schließen, selbst wenn ich in Moskau ohne Arbeit bleiben werde. Das ist mir nicht neu.

Ich bin mir sicher, dass meine Regierung mir diese bescheidene und selbstverständliche Bitte erfüllt.

Sollte etwas Unvorhergesehenes passieren, wird es einen großen Skandal geben. Geb's Gott, ich will ihn nicht, wie du sicher verstehst.

Ich bin kein Dissident, ich bin ein Künstler, der seinen Beitrag in die Schatzkammer des Ruhmes für das sowjetische Kino eingebracht hat. Und ich bin, vermutlich, nicht der Schlechteste. Selbst im Sowjetischen Film hat mich ein stümperhafter Kritiker – instruiert von den Funktionären – nachträglich für bedeutend erklärt. Und Geld (Devisen) habe ich für meinen Staat mehr erwirtschaftet als alle Bondartschuks zusammen. Trotzdem litt meine Familie Hunger. Deshalb halte

ich eine ungerechte und unmenschliche Haltung mir gegenüber für unmöglich. Schließlich bin ich ein sowjetischer Künstler geblieben und werde es bleiben, was immer diejenigen, die mich ins Ausland drängten, auch sagen mögen.
Ich küsse dich ganz fest, wünsche dir Gesundheit und Kraft. Bis bald.
Dein – unglücklicher und leidgeprüfter Sohn –
Andrej Tarkowski.
PS: Lara lässt dich grüßen.

Der offizielle Ton des Briefes, die Formulierungen («meine Regierung», »ihre Autorität ist so groß«, »sowjetischer Künstler«, »Beitrag in die Schatzkammer des Ruhmes für das sowjetische Kino«) und Andrejs Beteuerungen, nach der Verwirklichung seiner künstlerischen Ideen zurückzukehren, zeugen davon, dass er wusste, nicht nur Vater, sondern auch andere offizielle Institutionen würden diesen Brief lesen.

Ich hatte eine schriftliche Kopie von Andrejs Brief angefertigt. Je öfter ich ihn las, desto deutlicher wurde für mich, dass Andrej nicht mehr zurückkehren würde. Offensichtlich verstanden das auch die »Funktionäre«, nicht ohne Grund hielten sie seit 1982 seinen Sohn Andrjuscha als »Pfand« fest.

Vater hatte sich mit seiner Antwort schwer getan, sich die Vorgänge sehr zu Herzen genommen und sich nicht in der Lage gefühlt, das zu schreiben, was er wollte. Neben dem äußeren hatte er seinen eigenen, inneren Zensor. Kein einziges missbilligendes Wort über Andrej. Er nahm an, wenn der Sohn seine Entscheidung gefällt habe, dann hätte er seine Gründe dafür. Wie bitter war es allerdings für ihn, die schadenfrohen, bisweilen taktlosen Bemerkungen über sich ergehen lassen zu müssen. »Ist es wahr, dass ihr Sohn dort geblieben ist?«

Vater bat mich, auf Andrejs Brief zu antworten. Ich habe den Entwurf nicht aufbewahrt, kann mich aber gut an die Gefühle erinnern, die mich bewegten. Ich ging auf Andrejs Spiel ein und schrieb nicht ihm, sondern jenen, die ihn lesen würden: »Lieber Andrej, ich wusste, dass du dich keineswegs mit der Absicht trägst, Russland für immer zu verlassen, diese Gerüchte sind einfach dummes Gerede... Die Tarkowskis haben immer ihr Land und ihr Volk geliebt, dafür war unser Großvater Alexander, der den Narodowolzen, den Volkstümlern, angehörte, seinerzeit nach Sibirien verbannt worden; Vater hat sich freiwillig an die Front gemeldet...«

Ich gab mir große Mühe und schrieb selbst das Wort Heimat mit großem Anfangsbuchstaben, in der Hoffnung der Brief würde Andrej helfen, seinen Sohn so schnell wie möglich wiederzusehen. Wie naiv von mir zu glauben, ich könnte mit dieser »List« den Gang der Dinge beeinflussen. Seinen Sohn Andrjuscha ließen »sie« erst im Januar 1986 frei, nachdem sie durch die sowjetische Botschaft in Paris von Andrejs tödlicher Krankheit erfahren hatten.

Der Vierzeiler

Plötzlich fand ich des Nachts keinen Schlaf mehr. Auch 1979, als Mutter im Sterben lag, konnte ich nicht schlafen. Aber warum jetzt nicht?

Ich laufe im Zimmer auf und ab, gebe mir Mühe leise zu sein, damit ich niemanden wecke. Von der Tür zum Balkon, vom Balkon zur Tür. Dort, der im Wind taumelnde, an den Scheiben zerschlagende, im Lichtstreifen aufflimmernde und ins Dunkel entgleitende erste Schnee.

Von der Tür zum Balkon. Wieder eilen die Flocken hinter der Fensterscheibe schräg dahin, und ihre Bewegung hat in dieser mechanischen Unabwendbarkeit etwas Bedrohliches. Aus der Helligkeit des Lichtstreifens in die Dunkelheit hinein. Unbewusst entstehen Gedichtzeilen:

Weißer Falter, nahender Winter
flügelschlagend, flatternd.
Schwarzer Schatten, nahendes Unheil,
das Herz fest umklammernd.

Was bin ich schon für eine Dichterin! Banale Worte: »Weißer Falter im ... Winter«, und »Schatten des ... Unheils« klingt auch nicht besser. Aus unerfindlichen Gründen notiere ich mir diesen Vierzeiler auf einem Blatt Papier und setze sogar ein Datum darunter: November 1985.

Woher nur diese Unruhe? Warum hindern mich meine Gedanken um Andrej am Einschlafen? Offensichtliche Gründe dafür gibt es keine; ich weiß, er hält sich in Schweden auf, ist im Begriff einen Film zu drehen.

Von der Tür zum Balkon, vom Balkon zur Tür. »Weißer Falter, nahender Winter«. Ich mag den November nicht. Die schwarze, gefrorene Erde und der tiefhängende Himmel. Ein schier endloser Winter steht vor der Tür. Naht der Winter, naht das Unheil.

Und das Unheil brach herein. Mich erreichten vage Gerüchte über Andrejs Krankheit, die sich bald verdichteten. Im Januar 1986 erhielt Andrejs Sohn Andrjuscha die Erlaubnis ins Ausland zu auszureisen – »als Akt des Humanismus«, wie die sowjetischen Behörden schrieben. Selbst die Obrigkeit hatte damit Andrejs tödliche Krankheit zur Kenntnis genommen.

Ich wurde über Andrejs Zustand von der Tochter seiner Frau auf dem Laufenden gehalten. »Alles geht gut, auf den Röntgenbildern war keine einzige Krebszelle zu entdecken.« Doch ich wusste, nichts konnte mehr »gut« sein.

Ich sandte an das Zentralkomitee der Partei ein Telegramm, direkt an Gorbatschow; darin bat ich, mir zu erlauben »im Zusammenhang mit der schweren Krankheit meines Bruders« nach Frankreich zu reisen. Damals war die »Perestroika« in Gang gekommen, doch die Mühlen des schrecklichen Systems mahlten langsam. Mein Telegramm wurde an das OWIR, die Abteilung für Visa- und Meldeangelegenheiten, weitergeleitet, wo mir eine Mitarbeiterin erklärte, man sei hier für die Ausreise von »ins Ausland dienstreisenden Verwandten« nicht zuständig.

Ein halbes Jahr später kam die liebe Obrigkeit nicht umhin, dennoch für die Ausreise »zuständig« zu sein. Diesmal für die Beerdigung. Und siehe da, alles ließ sich an einem einzigen Tag regeln.

Später las ich Andrejs Tagebuch, *Martyrolog*, das in Auszügen in den Dokumentarfilm von Ebbo Demant *Auf der Suche nach der verlorenen Zeit* (1987) eingegangen war:

8. November 1985. Hatte heute Nacht einen schrecklichen Traum. Ich habe wieder diesen See im Hohen Norden gesehen. Wie mir scheint, irgendwo in Russland. Sonnenaufgang. Auf dem anderen Ufer sind zwei russische Klöster zu sehen und

Kathedralen von ungeahnter Schönheit. Und mich ergriff eine tiefe Sehnsucht und mir wurde so traurig zumute!
10. November. In Angelegenheiten Andrjuscha vorläufig nichts Neues. Morgen findet das zweite Treffen mit Palme statt ... sie wollen uns helfen. Aber wie? ... Aus Moskau kommen schlechte Nachrichten. Schreckliche Tage, ein schreckliches Jahr! Gott steh mir bei!
18. November. Ich bin krank. Habe eine Bronchitis und irgend was seltsames im Nacken und unter den Achselhöhlen ... Gleichzeitig muss ich den Film vertonen. Doch die Zeit rennt mir davon.
24. November. Ich bin krank und sogar ziemlich krank...
30. November. Schreckliche Streitigkeiten wegen der Länge des Films. Ich bin krank. Ich musste Blut abgeben und meine Lungen röntgen lassen ...«

Im Dezember stand die schreckliche Diagnose fest.

Andrej ist kalt

Vor kurzem bekam ich dieses Foto: Es ist Winter. Man sieht das Gelände des Moskauer Zoos. Der zugefrorene Teich ist jetzt eine Eisbahn. Im Vordergrund steht eine Holzbank. Darauf sitzen einige Jungen. Rechts neben der Bank steht Andrej, mit dem Rücken zum Fotografen. In der Hand hält er einen kleinen Koffer, in dem seine Schlittschuhe sind. Den Koffer kenne ich. Damals gehörte er mir. Immer wenn ich zur Eisbahn wollte, verstaute ich meine Schlittschuhe darin. Andrej borgte ihn sich oft bei mir aus.

Mein Bruder trägt einen Übergangsmantel. Den Kragen hat er hochgeschlagen. Alle Jungen auf der Eisbahn tragen Schapkas mit Ohrenklappen. Andrej ist der einzige mit einer Schirmmütze. An seiner angespannten Körperhaltung und den hochgezogenen Schultern erkenne ich, dass ihm kalt ist. Auch wenn ich das Gesicht meines Bruders nicht sehen kann, weiß ich, dass er blass und blau gefroren ist, und dass er auf den Wangen eine Gänsehaut hat. Im Winter fror Andrej immer, seine Kleidung entsprach selten der Jahreszeit. Er hielt das für besonders chic. Er schlug alles aus, was nützlich sein könnte, um nicht während des strengen Moskauer Winters zu frieren. Dem Wintermantel zog er den Herbstmantel mit dem eleganten Pelzkragen vor und der Schapka die Schirmmütze, weil er sie schöner fand. Dabei waren in den fünfziger Jahren Wintermäntel ebenso modern wie Schapkas. Er lehnte es sogar ab, sich unter die Hosen etwas Warmes anzuziehen. Egal, ob draußen klirrender Frost herrschte oder Mutter sich sogar das lustige Wort »caleçonnette« ausdachte. Nichts half, und auch die »caleçonnette« erregten Andrejs Missfallen.

Eine Zeit lang war es Mutter mit sanfter Gewalt gelungen, ihn zu einer warmen Pelzjacke zu überreden. Diese Pelzjacke war eine ihrer besonderen Erfindungen für Andrej. Eigens dafür hatten Mutter und ich karierten Wollstoff gekauft. Unsere Nachbarin Andrijanowa schneiderte die Jacke. Passend zu dieser Jacke kaufte Mutter eine Pelzmütze, wie sie damals in Mode war. Der Mützenrand war aus Biberlamm, das Kopfteil aus Samt. Einen Winter lang ging Andrej in diesem Aufzug zur Hochschule für Orientalistik.

Zur Filmhochschule fuhr er dann nicht mehr in dieser Jacke, und auch die runde Pelzmütze hatte er längst satt. Damals trug er wohl bereits den grauen Mantel mit Fischgrätenmuster – er hatte ihn gebraucht gekauft – und die Schiffchenmütze aus Fell. Meist verließ er das Haus ganz ohne Mütze. Derartige Draufgänger waren im Moskau der fünfziger Jahre eher selten, erst heute sind alle jungen Leute à la mode gekleidet.

Aus Andrejs Anfangszeit an der Filmhochschule, wahrscheinlich aus dem zweiten Semester, ist noch ein Blatt grobes grünliches Papier erhalten geblieben, auf das er etwas notiert hat. Der Text trägt den Titel »Der Charakter«:

Vom Himmel fällt feiner Schnee. Trockener und leichter Schnee. Die Gehwege dagegen sind feucht. Sobald der Schneestaub an den erleuchteten Glasvitrinen vorüberschwebt, blitzt er matt auf. Ein Bus fährt schwerfällig vorbei, hinter dem zugefrorenen Fenster – eine lächelnde Schaffnerin. Wem sie zulächelt, ist nicht zu sehen.

Ein Mann in einem kurzen weißen Kittel, den er über seinen Pelz gezogen hat, steht vor einem zugeschneiten Straßenverkaufsstand mit Konfekt. Sein Gesicht ist vor Kälte wie erstarrt. Seine Hände stecken in den Manteltaschen. Ein Mädchen im Pelzmantel kommt vorbei. Ihr Mantel ist braun, die Mütze hellblau, die Schuhe grellorange.

›Wie geschmacklos‹, denkt Saschka.

Zwei Gestalten laufen vorbei. Beide in Stiefeln und knapp über die Augen gezogenen hellen Schirmmützen. Einer der Bei-

Andrej auf der Eisbahn (rechts), 1949.

den tut so, als ob er sich wundern würde und lässt ein paar abfällige Bemerkungen fallen.

›Wirst Dir noch was abfrier'n, Kleiner!‹, sie brechen in lautes Lachen aus und freuen sich. Immer noch witzelnd, laufen sie an ihm vorbei, und setzen dabei ihr Gespräch fort. Saschka hat seine Zigarette ausgespuckt und sie mit dem Fuß ausgedrückt. Er reibt sich das verfrorene Ohr und stapft von einem Fuß auf den andern. Wieder fällt Schnee ... Lange steht Saschka so da. Er wartet und weiß, dass es eigentlich nichts zu warten gibt...

Eine Erzählung über eine unerfüllte Liebe. Und darüber, dass Saschka, alias Andrej, auf seine Liebste wartet und friert ... Wie immer friert er. Es ist Winter, es ist ungemütlich, eine unerfüllte Liebe und die Kälte, die Kälte, die Kälte. Auch das Herz der Liebsten ist eisig kalt, wie die vor Kälte erstarrte Natur. Warum hat sich Andrej gerade dieses Schicksal ausgesucht? Was hat ihn dazu getrieben, sich so hartnäckig zu quälen? Ein guter Menschenkenner hätte womöglich herausgefunden, dass ihm unbewusste Schuldgefühle keine Ruhe ließen. Aber wofür fühlte er sich eigentlich schuldig?

Im Text heißt es weiter:

In der letzten Zeit zog es Saschka vor, allein zu sein. Er wollte nachdenken. Ihn quälten düstere Gedanken. An Irina, über seinen eigenen Charakter und vieles andere mehr. Kaum zog er sich zurück, fand die Mutter das ganze sogleich verdächtig und fragte ihn mit scheinbar teilnahmsloser Stimme:
›Sascha, was ist los mit dir, ist was an der Hochschule?‹
Sascha wehrte grob ab. Später schämte er sich, wenn die Mutter, seine Beleidigungen hinunterschluckend, in die Küche ging. Schweigend rauchte sie dort, den Ellenbogen auf den schmutzigen Tisch gestützt...

Eigentlich hat mir Andrej damit alle meine Fragen beantwortet. Mit jenen Zeilen auf diesem groben grünlichen Stück Papier, das Mutter über Jahre sorgsam aufbewahrt hatte.

Mit der Zeit war Andrej ruhiger geworden. Er hatte seine endgültige Wahl getroffen und war zum zweiten Mal verheiratet. Jene, auf die er oft und vergeblich warten musste, hatte er längst verlassen. Er war ein bekannter Regisseur geworden. Inzwischen waren die Filme *Iwans Kindheit*, *Andrej Rubljow*, *Solaris* und *Der Spiegel* entstanden. Er hat das Szenario zu *Stalker* geschrieben und *Hamlet* am Komsomol-Theater inszeniert. Andrejs Filmkunst wurde auch zunehmend im Ausland wahrgenommen. Seine ausländischen Kollegen zeigten großes Interesse an ihm. Der schwedische Regisseur Vilgot Sjöman, schildert sein Treffen mit Tarkowski in Moskau so:

... Der Himmel zieht sich wieder mit Wolken zu. Man kann kaum atmen vor Feuchtigkeit. Ich habe einen warmen Pelz-

mantel an, schlottere aber dennoch vor Kälte. Ich muss noch stärker zittern, als ich Tarkowski die Hand gebe.

Er ist ohne Mütze. Trägt Jeans. Unter der Jeansjacke hat er nur einen beigefarbenen Pullover an. Er muss doch vollkommen durchgefroren sein..

Moskau 1977, der 29. November, der Tag geht zu Ende, es geht auf Mitternacht zu ... Tarkowski winkt uns zum Abschied ... Und verschwindet derartig schnell, als ob er in einen Krater gefallen wäre. ›Avanti, Andrej, Avanti!‹.

Wohin gehst du jetzt, durchfroren wie du bist in deinen Jeans? Und wer bist du überhaupt? Etwa ein großer Masochist?

Erstaunlich daran ist, dass Sjöman, der aus einem anderen Land und einer anderen Kultur kam und meinen Bruder nur zwei Mal gesehen hatte, dieser kühle Zustand seiner Seele aufgefallen war.

Die Moskauer Kälte hatte Andrej abgehärtet und ihn zu einem bitteren Kämpfer werden lassen, der sich unter keinen Umständen vor irgend etwas beugen wollte. Er war eine starke Persönlichkeit geworden. Ein ganzes Drehteam unterwarf sich seinen Entscheidungen. Er musste sich für seine Filme politisch verantworten.

Andrej konnte jeden, dessen Aufdringlichkeit und vorgetäuschte Vertrautheit ihm unangenehm war, augenblicklich zurechtweisen. Allerdings grenzte er sich nicht nur von Fremden, sondern auch von seiner Familie ab. Ich erinnere mich an einen Telefonanruf:

»Grüß dich, ich war heute auf dem Friedhof bei Mutter. Weißt du, auf dem Grab ist das Kreuz schief«, sagte er mit eiskalter Chefstimme zu mir. »Es muss repariert werden!«.

Dieser Ton empörte mich.

»Wenn es schief ist, dann bring es doch in Ordnung, schließlich bist du der Mann!«, antwortete ich. Damit war unser Gespräch zu Ende. In Andrejs Tagebuch jedoch steht unter dem Datum 10.06.1981 folgende Notiz:

Heute noch so ein Wunder!... Ich war auf dem Friedhof. Die schmale Umzäunung, die kleine Bank, der schlichte Grabstein, das hölzerne Kreuz. Die wilden Erdbeeren wucherten. Ich sprach ein Gebet, weinte und beklagte mich bei Mutter. Ich bat sie, bei Gott für mich zu bitten und sich für mich einzusetzen. In Wahrheit ist das Leben vollkommen unerträglich geworden. Und wenn Andrjuscha nicht wäre, dann wäre der Gedanke an den Tod der einzig mögliche überhaupt. Zum Abschied von Mutter habe ich ein Erdbeerblatt von ihrem Grab mitgenommen. Nur schade, als ich zu Hause ankam, war es verwelkt. Ich habe es in eine Vase gestellt. Und das zarte Blatt begann wieder aufzuleben. Mir wurde ruhiger und reiner zumute. Da kam ein Anruf aus Rom. Von Norman. Am zwanzigsten kommen die Italiener.*

Natürlich habe ich das Mutter zu verdanken. Keinen Augenblick zweifele ich daran. Liebste, gute Mutter ... Meine Liebste ... Ich danke dir. Ich stehe tief in deiner Schuld ...

Und noch eine Tagebuchnotiz:

Marina hat mir zwei Ikonen von Großmutter geschenkt, die man um den Hals trägt; mein Gott ... Was für eine Großmutter! ... Ich habe das Geschriebene gelesen und festgestellt, dass ich im letzten Satz Präsens benutzt habe. Im gleichen Augenblick kam mir aber der Gedanke, dass das vielleicht kein Flüchtigkeitsfehler war ...

Schade, dass Andrejs Erzählung »Der Charakter« nur unvollständig erhalten ist. Vielleicht hätte er mir dann erklären können, warum es ihm so schwer gefallen war, seiner Schwester ein liebes Wort zu sagen, immerhin verband uns das gleiche Leid. Wer weiß, wenn ich vor ihm gestorben wäre, dann hätte er sicher in seinem Tagebuch *Martyrolog* ein paar zärtliche und liebe Worte für mich übrig gehabt ...

Ich bin sehr weit weg von Moskau, in der Nähe von Paris, in Neuilly-sur-Seine, und befinde mich in der düsteren Leichenhalle eines ehemaligen amerikanischen Krankenhauses, das jetzt eine französische Klinik ist. Ich lege meine Wange und meine Hände ein letztes Mal an Andrejs Körper, umarme ihn und spüre seine Eiseskälte. Ich begreife, dass die Wärme nicht mehr in ihn zurückkehren wird. Dass er weder in das kalte Russland heimkehren wird, noch in sein geliebtes Italien, wo es so viel Licht, Wärme und Sonne gibt.

Da fällt mir wieder ein, wie lebendig, jung und voller Hoffnung mein Bruder war.

»Andrej, zieh was über, setz die Mütze auf!«

»Lass mich, Mama!«

Ohne Mütze rennt er aus dem Haus auf die winterliche Straße. Und »vom Himmel fällt feiner Schnee, trocken und leicht.«

GLOSSAR

Abramzewo — Ehemaliges Zentrum der russischen Kultur Ende des 19. bis Anfang des 20. Jahrhunderts nahe bei Moskau. Hier hielten sich russische Künstler wie W. Wasnezow, I. Repin, M. Wrubel oder Literaten wie N. Gogol und I. Turgenjew auf.

Baba Jaga — Russische Hexe in den Märchen

Fanny Kaplan — Eigentlich Fejga Chaimowna Roiblat, 1887 – 1918), sie gehörte der russisch-revolutionären Bewegung an, seit 1906 Anarchistin, wurde am 30.08.1918 wegen des Attentats auf Wladimir I. Lenin verhaftet.

Filmverband — Gemeint ist der Sojus kinematografistow SSSR, der Verband der Filmschaffenden der UdSSR.

Filmzeitschrift — Gemeint ist die Monatszeitschrift Iskusstwo kino, Filmkunst.

Gabrilliade — Poem von Alexander Puschkin, hatte zunächst, da es sich um ein frivoles Werk handelt, nur handschriftliche Verbreitung gefunden, es diente als Vorwand, den Dichter der Gotteslästerung anzuklagen.

Goldene Horde — Bezeichnung für das historische mongolische Teilreich in Osteuropa und West-Sibirien.

Italiener — gemeint ist die sowjetisch-italienische Koproduktion für den Film Nostalghia

Kommunalkas — Gemeinschaftswohnungen mit mehreren Mietparteien, die sich oft Küche und Bad teilen.

NÖP — Abk. für die Neue Ökonomische Politik der Sowjetunion in den zwanziger Jahren. Nach der Enteignung war es zu gravierenden Versor-

	gungsproblemen gekommen. Der Staat musste teilweise Konzessionen an private Unternehmer machen. Der wirtschaftliche Aufschwung brachte den Typ des »NÖP«-Reichen hervor.
Slawophile	Russische Geschichtsphilosophen des 19. Jahrhunderts (besonders A. S. Chomjakow, I. W. Kirejewski, K. S. Aksakow), die an altslawische bäuerlich-soziale Traditionen und an die Ideen der russisch-orthodoxen Kirche anknüpfen wollten.
Stiljaga	Russische Variante der Halbstarken, legten Wert auf Stil, trugen auffällige Kleidung und Frisuren.
Verbündete	1939 war der Deutsch-Sowjetische Nichtangriffspakt unterzeichnet worden.
Volkszählung	Erst Ende der neunziger Jahre wurden in den Archiven geheime Materialen entdeckt, die die Geschichte der Volkszählungen und deren Folgen aufdeckten. 1937 war in der Sowjetunion eine Volkszählung durchgeführt worden. Die Voraussagen beliefen sich auf 172 Mill. Menschen. Die tatsächliche Zählung ergab indes an die 10 Mill. Menschen weniger. Der Hunger in den dreißiger Jahren, die stalinistischen Repressionen und die politischen »Säuberungen« (1935 – 1939) waren nicht ohne Folgen geblieben. Der »Verlust« dieser 10 Mill. wurde vertuscht und die Organisatoren der Volkszählung erschossen. Die Regierung ordnete eine neue Volkszählung für 1939 an. Diese war von repressiven Maßnahmen begleitet.
WGIK	Staatliches Allunionsinstitut für Kinematografie, Filmhochschule in Moskau.

LEBENSSTATIONEN VON ARSENI TARKOWSKI
(1907 – 1989)

1907	12. Juni: geboren in Jelisawetgrad, die Mutter – Maria Danilowna Ratschkowskaja; der Vater, Alexander Tarkowski, war ein Volkstümler und Rebell
1925–1929	Studium an der Staatlichen Hochschule für Literatur in Moskau (Höhere Literaturkurse); leitet mit siebzehn Jahren nebenbei die Redaktion des Literarischen Feuilletons der berühmten Zeitung *Gudok*
1928	Heirat mit Maria Iwanowna Wischnjakowa
1931	Arbeit beim Staatlichen Rundfunk
1932	A.T. wird wegen seines Poems »Glas«, das als Radiostück aufgeführt wurde, des »Mystizismus« beschuldigt und zieht sich aus dem öffentlichen Leben zurück. Er beginnt als freischaffender Nachdichter arabischer, armenischer, turkmenischer, georgischer und hebräischer Poesie zu arbeiten. 4. April: Geburt des Sohnes Andrej
1934	Sein erster Band mit Nachdichtungen erscheint. 3. Oktober: Geburt der Tochter Marina
1936	Bekanntschaft mit Antonina Alexandrowna Bochonowa (von der Familie Tonja genannt)
1937	verlässt die Familie und lebt mit A. A. Bochonowa zusammen
1940	wird Mitglied des Schriftstellerverbandes der UdSSR, Bekanntschaft mit der berühmten Dichterin Marina Zwetajewa, die auf seine Nachdichtungen aufmerksam geworden war.

	Scheidung von Maria Iwanowna Tarkowskaja-Wischnjakowa
1941	bittet nach Kriegsausbruch darum, an die Front gehen zu dürfen
1943	wird wegen seiner schweren Verwundung und Beinamputation demobilisiert
1944	übersteht eine letzte lebensrettende Operation, lernt seine spätere dritte Frau kennen, die Übersetzerin Tatjana Alexejewna Oserskaja (1907 – 1991)
1950	Scheidung von A. A. Bochonowa
1951	Heirat mit Tatjana Alexejewna Oserskaja, 22. März, Tod von Tonja (A. A. Bochonowa)
1962	Nach den Wirren des Krieges und des Stalinismus darf sein erster Gedichtband *Vor dem Schnee* erscheinen.
1966	Gedichtband *Der Erde – Irdisches*. Seine Poesie wird weltbekannt durch die Filme seines Sohnes Andrej Tarkowski (*Der Spiegel, Stalker, Nostalghia*), in denen Arseni Tarkowski seine Gedichte teilweise selbst spricht
1989	stirbt am 27. Mai

LEBENSSTATIONEN VON ANDREJ TARKOWSKI
(1932 – 1986)

1932	Andrej wird am 4. April im Dorf Sawrashje, etwa 300 km von Moskau als erster Sohn von Maria Iwanowna Wischnjakowa, Korrektorin, und Arseni Alexandrowitsch Tarkowski, Dichter und Übersetzer, geboren.
1934	3. Oktober, Geburt der Schwester Marina
1951	Studium an der Moskauer Hochschule für Orientalistik
1953	Andrej verlässt die Hochschule; bricht zu einer geologischen Forschungsexpedition auf, arbeitet am Fluss Kurejka in der Turuchansker Region in Ost-Sibirien
1954	Beginnt an der Moskauer Filmhochschule des Staatlichen Allunionsinstitut für Kinematografie (WGIK) zu studieren, sein Lehrer ist der Regisseur Michail Romm; Tarkowski setzt sich mit Filmen von Buñuel und Bergman auseinander
1957	Heirat mit Irma Rausch
1961	Schließt die Filmhochschule (WGIK) ab; 1. Preis des New Yorker Studentenfilmfestivals für *Die Walze und die Geige*
1962	Premiere von *Iwans Kindheit*; erhält den Goldenen Löwen auf den Internationalen Filmfestspielen von Venedig, Geburt des Sohnes Arseni
1962 – 1964	Erhält zahlreiche Preise, u.a. den Golden Gate Award für die beste Regie auf dem Festival in San Francisco und bekommt somit internationale Anerkennung

1964	Beginn der Dreharbeiten zu *Andrej Rubljow*, die sich bis Ende 1965 hinziehen; der Film wird von der staatlichen Führung kritisiert.
1966	Beendet letzte Arbeiten an *Andrej Rubljow* (später gibt es mehrere Fassungen)
1969	Der Film läuft – trotz sowjetischen Protestes – beim Filmfestival in Cannes außer Konkurrenz und erhält den Preis der Internationalen Filmkritik.
1970	Dreharbeiten zu *Solaris*, Scheidung von Irma Rausch-Tarkowskaja, Heirat mit Larissa Kisilowa, Geburt des Sohnes Andrej
1972	Goldene Palme in Cannes für *Solaris*
1973	Dreharbeiten zu *Der Spiegel*; der Filmtitel hieß ursprünglich *Ein weißer, weißer Tag* nach dem gleichnamigen Gedicht seines Vaters
1975	Der Film *Der Spiegel* wird in nur drei Moskauer Kinos gezeigt und nicht nach Cannes geschickt
1979	beendet Dreharbeiten zu *Stalker*, Tod der Mutter
1980	Preis der Französischen Filmkritik für *Stalker* in Cannes
1982	Fährt nach Italien für die Dreharbeiten zu *Nostalghia*
1983	Inszenierung der Oper *Boris Godunow* an der Covent Garden Opera in London, erhält für *Nostalghia* in Cannes den großer Preis der Jury, den Preis der Französischen Filmkritik, und den Preis der Ökumenischen Jury
1984	10. Juli – Pressekonferenz in Mailand, Tarkowski gibt bekannt, dass er nicht mehr in die Sowjetunion zurückkehren wird; er bleibt in der Emigration

1984–1985	Stipendiat des Deutschen Akademischen Austauschdienstes, Gast des Künstlerhauses Bethanien in Berlin, es erscheint sein Buch *Die versiegelte Zeit* mit *Gedanken zur Kunst, sowie zur Ästhetik und Poetik des Films*, 2000).
1985	Dreharbeiten zu seinem letzten Film *Das Opfer*, trotz erster Anzeichen einer Krebserkrankung
1986	sein Sohn Andrej darf endlich mit der Schwiegermutter nach Paris ausreisen. *Das Opfer* bekommt den Jury-Preis in Cannes. Den Preis nimmt der Sohn Andrej entgegen. Andrej Tarkowski stirbt am 29. Dezember in einer Klinik in Paris.

Anmerkung

Die Auszüge aus den Gedichten von Arseni Tarkowski stammen aus A. Tarkowski, *Auf der anderen Seite des Spiegels*, Verlag Volk und Welt, Berlin, 1990. Auszüge aus den Gedichten von Marina Zwetajewa in M. Zwetajewa, *Maßlos in einer Welt nach Maß*, Verlag Volk und Welt, Berlin 1980 und M. Zwetajewa: *Lyrik. Ausgewählte Werke Band 1*, Verlag Volk und Welt, Berlin, 1989. Das Gedicht von Anna Achmatowa ist in der Nachdichtung von Rainer Kirsch enthalten in A. Achmatowa, *Gedichte*, Frankfurt/M.: Suhrkamp, 1988, S. 21.

Bildnachweis

Die Bilder entstammen dem Privatarchiv der Autorin. Wir bedanken uns bei allen Fotografen, die uns ihre Bilder zur Verfügung gestellt haben.

Marina Tarkowskaja (*3.10.1934) hat an der Moskauer Universität Philologie studiert und als Redakteurin in einem Verlag gearbeitet. In Russland hat sie zahlreiche Aufsätze über die Filmkunst ihres Bruders veröffentlicht, Erinnerungen über ihren Vater (*Ich lebte und sang, irgendwann*, 1999) und ihren Bruder Andrej Tarkowski publiziert (u.a. Herausgeberin von *Über Tarkowski*, 1989). Des Weiteren ist sie Herausgeberin zahlreicher Gedichtbände ihres Vaters, dessen Gedichte zu Sowjetzeiten kaum veröffentlicht wurden (u.a. *Arseni Tarkowski: Gesegnetes Licht*, 1993). Sie lebt in Moskau.

blue notes
*die Reihe mit den spannenden Zwischentönen
im Konzert der Bücher*

Unda Hörner

Nancy Cunard

Enfant terrible der Pariser Bohème

112 Seiten, Halbleinen, mit Fotos
ISBN 3-934703-24-0

Das aufregende Leben der Verlegerin, Reporterin und Millionenerbin Nancy Cunard, die aus dem goldenen Käfig ihrer Jugend ausbrach, sich leidenschaftlich und ohne Kompromisse der Literatur und dem politischen Aktivismus verschrieb und dabei oft genug gegen die Spielregeln der feinen Gesellschaft verstieß. Die Freundin Janet Flanners, Pablo Nerudas und Tristan Tzaras machte die Bekanntschaft der Surrealisten um André Breton und war von 1926 – 1928 Lebensgefährtin Louis Aragons. In der Hours Press, dem von ihr ins Leben gerufenen Verlag, erschienen u.a. Texte von Ezra Pound, T.S. Eliot und Samuel Beckett.

blue notes
*die Reihe mit den spannenden Zwischentönen
im Konzert der Bücher*

Inga Westerteicher

Das Paris der Simone de Beauvoir

128 Seiten, Halbleinen, zahlreiche Abbildungen
ISBN 3-931782-60-3

Dieses Buch schenkt dem persönlichen Paris der Simone de Beauvoir besondere Aufmerksamkeit, den Orten, die ihr viel bedeuteten, weil sie sich dort mit Freunden traf oder weil diese für sie auf ihrem Weg zur Schriftstellerin, Feministin und politischen Aktivistin wichtig waren. Ein Spaziergang durch Beauvoirs Paris mit Auszügen aus ihren Werken, Briefen und Tagebuchnotizen, erstmalig auch aus ihren bisher unbekannten Jugendtagebüchern (1926–1930) – und natürlich mit vielen Fotos. Eine Paris-Karte sowei ein Register der Örtlichkeiten erleichtern dem weiblichen wie männlichen Flaneur auf Beauvoirs Spuren die Orientierung.

blue notes
*die Reihe mit den spannenden Zwischentönen
im Konzert der Bücher*

Unda Hörner

Auf nach Hiddensee!

Die Bohème macht Urlaub

128 Seiten, Halbleinen, zahlreiche Abbildungen
ISBN 3-934703-60-7

Zur Sonne, zum Licht! Schon immer wusste die Bohème, wo es schön ist auf der Welt. Folgen wir ihnen doch ans Meer, nach Hiddensee. Keine andere deutsche Insel war ein so starker Magnet für Freiheitssuchende und -liebende. Der Großstadt entflohen, fanden hier die Dichterinnen und Dichter, Musiker, Architekten, Schauspielerinnen und Schauspieler und ihre gesamte Bagage Zeit, um ihre Ideale in die Tat umzusetzen. Die meisten blieben nur für einen Sommer, viele kamen immer wieder. Einige jedoch erkoren Hiddensee zu ihrem bevorzugten Domizil. Unda Hörner folgt denen, die sich auf der Insel niedergelassen hatten, und erzählt ein besonderes, ein maritimes Kapitel der Geschichte der Avantgarde.

blue notes
*die Reihe mit den spannenden Zwischentönen
im Konzert der Bücher*

Franziska Gräfin zu Reventlow

Der Geldkomplex

Roman meinen Gläubigern zugeeignet

112 Seiten, Halbleinen
ISBN 3-934703-48-8

Um sich von ihrem Geldkomplex heilen zu lassen und auf eine in Aussicht stehende Erbschaft zu warten, begibt sich die Ich-Erzählerin in ein teures Sanatorium. Dort begegnet ihr eine ganze Entourage aus gescheiterten Existenzen, die sich gleichfalls durchs Leben mogeln: Bankrotteure, Spekulanten, versoffene Adelige und spleenige Witwen. Zusammen schmiedet man verwegene Pläne, aber das Leben übertrifft bekanntlich jede Fantasie ...
Ein kurzweiliger und amüsanter Roman zum Thema Geld – all denen zugeeignet, bei denen sich das Geld rar macht und deren Gedanken sich immer um das Eine drehen.

Gefördert vom Literarischen Colloquium Berlin mit Mitteln des
Auswärtigen Amts und der Senatsverwaltung für
Wissenschaft, Forschung und Kultur Berlin

Das Buch ist unter dem Titel осколки зеркала im Dedalus Verlag, Moskau
erschienen und wurde für die deutsche Ausgabe gekürzt.

© M. Tarkowskaja
© Verlag Dedalus, Moskau 1999.
© W. Amirchanjan

1. Auflage 2003
© der deutschen Ausgabe
edition ebersbach, Droysenstraße 8
10629 Berlin
www·edition-ebersbach·de

Satz und Umschlaggestaltung: Alexander Görlt, Berlin
Druck und Bindung: Westermann Druck, Zwickau

Alle Rechte vorbehalten
ISBN 3-934703-59-3

Lang Kurt

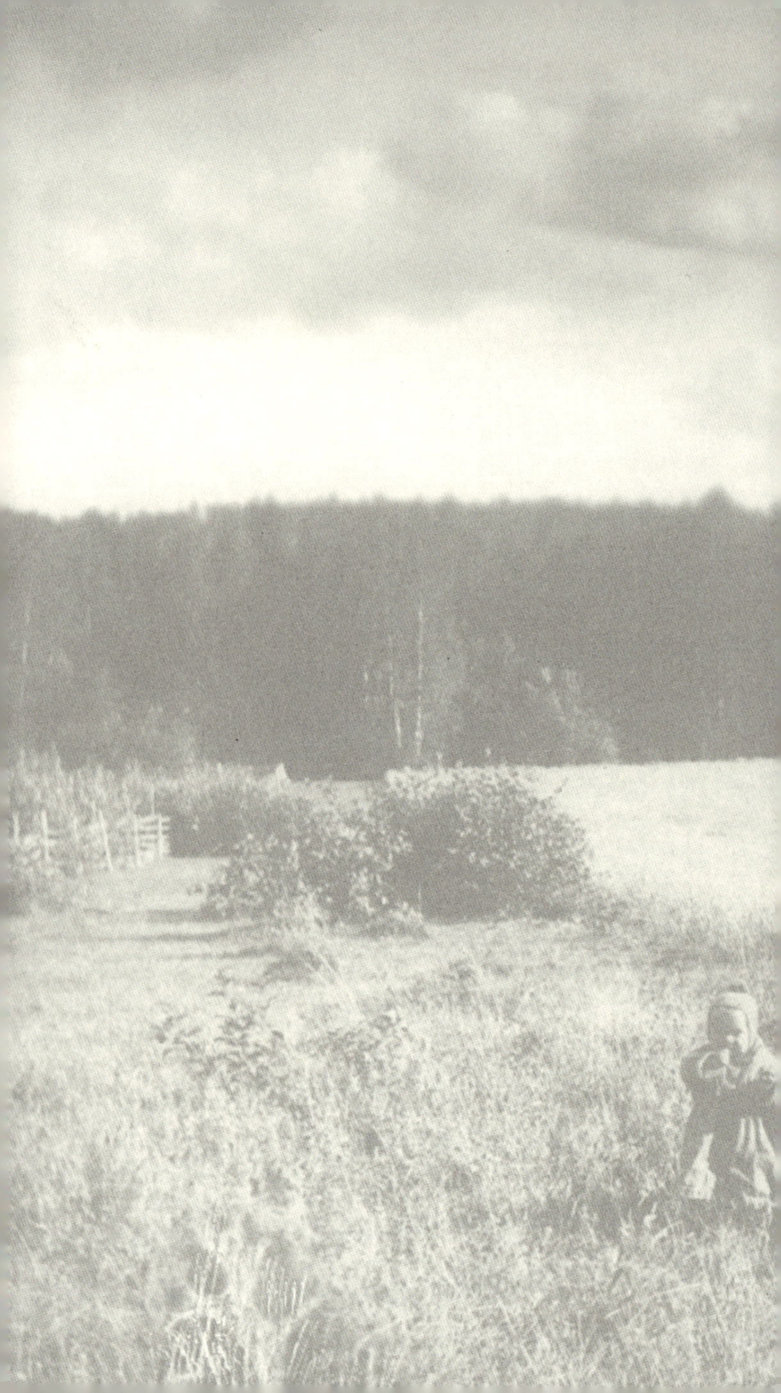